Inteligencia emocional para adultos

7 pasos para ser emocionalmente inteligente y mejorar tus relaciones hoy mismo

Linda Hill

BONO GRATIS DE $~~30~~

Escanee el código QR a continuación para acceder a su diario adicional de inteligencia emocional!

SCAN ME

o

visita bit.ly/3pPEinR

Índice

Introducción

¡Hola! Mi nombre es Linda Hill y soy especialista en psicología clínica. Me gustaría hacerte una pregunta: ¿crees que es posible alcanzar una verdadera inteligencia emocional en solo 7 pasos? ¡La respuesta es *sí*!

Las habilidades para aprender a reconocer nuestras emociones y guiar nuestros comportamientos en función de ellas se han convertido en necesarias para todos los días. Ya sea en tu hogar, con la familia, en el trabajo o con nosotros mismos: la gestión de las emociones propias y la comprensión de las emociones ajenas es clave para poder alcanzar un desarrollo personal que nos permita mejorar nuestra calidad de vida.

Y esto es, precisamente, lo que vamos a hacer en este libro. Nos vamos a acercar todo lo que podamos a un desarrollo personal que contribuya a la realización de nuestras aspiraciones y sueños, que nos den paz mental y que nos permitan tener relaciones sanas y duraderas con quienes nos rodean.

Pero ¿qué ganarás al final de este libro? ¿Cuáles son los

beneficios de ser emocionalmente inteligentes? **No puedo enumerar todas las ventajas de esto, porque será positivo en cada aspecto de tu vida.** Pero puedo darte un vistazo: este libro te enseñará a controlar tus miedos, a gestionar tus emociones en el trabajo, a resolver conflictos, a perdonar, a mejorar tus habilidades sociales y de comunicación, a escuchar a los demás, a ser un verdadero líder, a evitar la manipulación por parte de personas tóxicas… y a muchas cosas más.

En lo laboral, aprenderás algunas herramientas de liderazgo que serán invaluables si en algún momento tienes la tarea de dirigir un equipo de trabajo. Además, aprenderás a encontrar mejores respuestas, a controlar el estrés, a mejorar tu rendimiento y a relacionarte mejor con tus compañeros.

En el plano social, lograrás forjar relaciones empáticas, expresar tus sentimientos, comunicarte de manera efectiva y resolver conflictos: todas habilidades importantísimas en cualquier relación, ya sea de amistad o de pareja. Esto te permitirá generar vínculos duraderos y saludables, y eliminar de raíz aquellas relaciones tóxicas que no aportan nada valioso a tu vida.

En lo familiar, podrás aprender a afrontar noticias difíciles, como pérdidas o enfermedades de seres queridos. Además, la inteligencia emocional en este plano es clave para promover el diálogo con los hijos, algo que sin dudas creará vínculos de apego mucho más fuertes y saludables.

Finalmente, algo invaluable: aprenderás a conocerte a ti mismo.

La inteligencia emocional incluye dimensiones como la autoconciencia, que es el nivel de conocimiento de nuestras propias emociones, y la autorregulación, que se centra en el dominio de nuestras emociones para no dejarnos llevar por los impulsos. Poder identificar y controlar nuestras emociones es parte crucial de ser emocionalmente inteligentes.

Ahora voy a contarte un poco más sobre mí. Hace algunos años, decidí acercar al gran público una serie de libros prácticos y muy accesibles sobre el tema, con la intención de que todas las personas puedan aprender a gestionar sus emociones y desarrollar sus habilidades sociales. Pero más allá de mi historial académico o los logros que he cosechado, lo cierto es que tengo una verdadera *pasión* por ayudar a la gente a alcanzar un verdadero desarrollo personal. Intento plasmarlo con un estilo de escritura ameno y directo que resume los temas complejos, y con ejercicios que las personas realmente puedan poner en práctica en su vida cotidiana.

Sin duda has notado que el subtítulo de este libro es: *7 pasos para ser emocionalmente inteligente y mejorar tus relaciones hoy mismo.* Efectivamente, la estructura de este libro está basada en estos siete pasos: cada capítulo es un escalón más que te llevará al objetivo de ser emocionalmente inteligente.

En el primer capítulo, comenzaremos ahondando en el concepto de "inteligencia emocional". Comprender teóricamente algunas nociones es clave para poder comenzar con el cambio más profundo. En este primer acercamiento, aprenderemos qué es la inteligencia emocional y para qué sirve, además de cuáles son los autores más importantes del campo de la psicología que han profundizado en este tema. También veremos cuáles son las dimensiones más importantes que podemos englobar como parte de la inteligencia emocional.

En el segundo capítulo, comenzaremos a aplicar todas estas nociones en nuestra vida cotidiana. Como estoy segura de que el cambio comienza por uno, vamos a enfocarnos primero en la inteligencia emocional aplicada al plano personal. ¿Cómo identifico mis sentimientos? ¿Cómo actúo en determinadas situaciones? ¿Es necesario regular siempre las emociones, o debo dar rienda suelta a lo que siento? Todas esas preguntas serán respondidas en el segundo capítulo. Además, te enseñaré a controlar emociones que pueden ser incapacitantes en algunas situaciones, como el miedo o la culpa.

El tercer paso para ser emocionalmente inteligentes está centrado en las habilidades sociales. Aprenderás estrategias relacionadas con la escucha atenta de los demás, la resolución de conflictos y la empatía; habilidades que te servirán para crear lazos especiales con tus vínculos. También te ayudaré a vencer la timidez, a reforzar esos vínculos que deben ser cuidados y a cortar de raíz las relaciones tóxicas que solo generan problemas en tu vida.

El capítulo 4 está dedicado específicamente a las relaciones laborales. Por supuesto, el trabajo ocupa una parte central de la vida de todos, porque es a la actividad a la que le dedicamos mayor tiempo, esfuerzo y esmero. Sin dudas, aprender a relacionarnos con nuestros compañeros de trabajo, así como a controlar el estrés y la ansiedad, se convierten en habilidades fundamentales. En este capítulo, además, te daré un vistazo sobre las habilidades de liderazgo que te ayudarán a gestionar equipos de trabajo.

En el quinto capítulo, vamos a profundizar aún más en la inteligencia emocional aplicada al liderazgo. Esto es fundamental para la toma de decisiones sensatas y empáticas en un entorno laboral.

En el capítulo 6, te daré las herramientas necesarias para que puedas afrontar un momento difícil utilizando la inteligencia emocional. ¿Cómo reaccionar ante una noticia especialmente negativa? ¿Qué hacer con nuestras emociones? Y, finalmente, ¿cómo recuperarnos de una adversidad?

Por último, el capítulo 7 de este libro y, en consecuencia, el séptimo paso de este camino, está orientado a aprender a sentirnos más motivados. La motivación es clave a la hora de cumplir nuestros objetivos, ya sean personales o profesionales: es el motor que nos conduce a continuar a pesar de las adversidades.

Todos los capítulos de este libro siguen una estructura similar, por lo que te será muy sencillo familiarizarte con él desde el primer capítulo. En cada capítulo, encontrarás una breve descripción de los temas que se tocarán. Luego, encontrarás las definiciones y, finalmente, una breve conclusión en formato de conteo por puntos de los aspectos clave del capítulo. Si en algún momento necesitas echarle un ojo nuevamente a este libro para resolver un problema particular, este punteo es sumamente útil, porque te dirá los aspectos centrales a tener en cuenta. En algunos capítulos, además, te propondré unos cuantos ejercicios prácticos para que los implementes en tu vida cotidiana.

Ahora sí, ¡es momento de sumergirnos en esta aventura!

Estos son los 7 pasos para ser emocionalmente inteligente y mejorar tus relaciones hoy mismo.

Capítulo 1

¿Qué es la inteligencia emocional?

"Cuanto más abiertos estemos a nuestros propios sentimientos, mejor podremos leer los de los demás".
- Daniel Goleman

Comprender algunos conceptos importantes es el primero de los siete pasos que te llevarán a ser emocionalmente inteligente. Después de todo, no podremos resolver ningún conflicto ni mejorar nuestras habilidades sociales si no aprendemos qué es exactamente la inteligencia emocional o si no sabemos comprender nuestros sentimientos y etiquetarlos apropiadamente.

Por eso, en este primer capítulo vamos a ver:

- Qué es la inteligencia emocional

- Para qué sirve la inteligencia emocional

- Cuáles son los beneficios de ser emocionalmente inteligente

- Una breve historia del concepto de inteligencia emocional

¿Qué es la inteligencia emocional?

Podríamos recurrir a unos cuantos autores para definir la inteligencia emocional. Hay profesores universitarios, psicólogos, psiquiatras e investigadores de todas partes del mundo que han aportado sus valiosos conocimientos en este campo de estudio. Sin embargo, creo que es preciso comenzar con una definición simple y concreta.

La inteligencia emocional es la capacidad que tenemos todas las personas para reconocer nuestras propias emociones y las emociones de los demás, y actuar en consecuencia de ello.

Sencillo, ¿no? La inteligencia emocional está en todos los seres humanos, en mayor o menor medida. Una persona inteligente emocionalmente podrá identificar cada sentimiento que experimenta y logrará diferenciarlo de los demás. Esto hace, indudablemente, que podamos guiar nuestras actitudes y nuestras conductas de la mejor forma posible. Y, de esta forma, podremos alcanzar un desarrollo personal que nos permitirá comunicarnos con eficacia, resolver conflictos, tomar decisiones con criterio y gestionar el estrés y la ansiedad.

Como ves, la inteligencia emocional es muy importante para muchas cosas. Como dijimos, es un factor *clave* en el éxito personal y también el profesional. Vamos a ver, a continuación, cómo puede ayudarnos en nuestro día a día el hecho de ser emocionalmente inteligentes.

¿Para qué sirve la inteligencia emocional?

En el plano personal e interpersonal, la inteligencia emocional nos dará herramientas para poder gestionar correctamente nuestros sentimientos en relación con nosotros mismos y con quienes nos rodean. Tener un grado elevado de inteligencia emocional, por ejemplo, nos ayudará ampliamente a gestionar nuestra ansiedad o estrés, ya que nos permite regular las emociones y manejar situaciones difíciles con equilibrio y calma.

Por otro lado, las personas con un nivel elevado de inteligencia emocional son propensas a tener relaciones mucho más duraderas y sanas. Aprender a detectar emociones negativas en las demás personas, por ejemplo, nos alejará de la gente tóxica que no queremos que forme parte de nuestra vida. Del mismo modo, comprender las emociones de los demás nos permitirá desarrollar emociones como la empatía, que consiste en ponernos en el lugar del otro. Esto es primordial para conectar con otra persona y hacer que una relación prospere.

En lo laboral, son muchos los beneficios de ser personas con inteligencia emocional elevada. Lo vemos permanentemente: hoy en día, muchas empresas solicitan que sus postulantes tengan ciertas habilidades relacionadas con la inteligencia emocional. Por supuesto, esto no fue siempre así. Podríamos decir que, de un tiempo para acá, ha existido un cambio de paradigma a la hora de comprender la importancia de las habilidades emocionales en el plano profesional.

Ser una persona con inteligencia emocional nos dará herramientas para desarrollar habilidades de liderazgo, porque podremos comprender muy bien las necesidades de un equipo de trabajo y, en consecuencia, lograr motivarlos con éxito.

Además, la inteligencia emocional nos ayudará a resolver conflictos, y esto es algo que podemos aplicar tanto en lo personal como en lo interpersonal y lo profesional. Si podemos comprender las emociones de los demás y regular las nuestras, podremos discutir con calma, criterio y argumentos: algo importantísimo si lo que queremos es dejar en claro nuestra postura sin generar un entorno negativo.

En resumen, la inteligencia emocional sirve para:

- Gestionar correctamente nuestros sentimientos con nosotros mismos y quienes nos rodean

- Gestionar la ansiedad y el estrés

- Alejarnos de gente tóxica

- Lograr que los vínculos saludables prosperen

- Desarrollar habilidades de liderazgo

- Resolver conflictos

Pero para poder ver todos estos resultados en tu día a día, ¡tendrás que esperar un poco! Este es un camino que vamos a andar paso a paso. Y, si te enfocas únicamente en los resultados, perderás de vista que el aprendizaje y las experiencias del proceso son, en realidad, lo más importante.

Como ya dije, este es el primer paso: comprender un poco sobre las nociones relacionadas con la inteligencia emocional. Vamos a ver a continuación una breve historia de estos conceptos, con el objetivo de que puedas aprehender esta noción según sus diferentes autores.

Los tipos de inteligencia de Howard Gardner

¿Quién fue la primera persona en hablar sobre inteligencia emocional? Bueno, es difícil saberlo. Sin embargo, puedo estar segura de que Howard Gardner, psicólogo y profesor de la Universidad de Harvard, se acercó a este concepto en 1983, cuando revolucionó el concepto de "inteligencia" al poner en duda que esta debiera medirse únicamente a través del coeficiente intelectual.

Porque… ¿Cuántas veces hemos oído que un niño no es inteligente simplemente porque no es bueno en matemáticas? ¿Y cuántas veces nos hemos sentido frustrados, incluso *tontos*, por el simple hecho de no tener las mismas capacidades de expresión o de oratoria que un compañero de trabajo? ¿Quizá alguna vez te sentiste una persona algo *básica* solo por no haber leído algún libro clásico, o no haber visto una película considerada "de culto"?

Lo cierto es que, anteriormente (y es algo que, en algunos contextos, perdura hasta nuestros días), se tendía a categorizar a la gente como "inteligente" o "no inteligente" basándose únicamente en unos pocos factores, como el lógico-matemático, el comunicativo o el intelectual, por ejemplo. Howard Gardner vio esas falencias a la hora de abordar el concepto de inteligencia, así que en 1983 propuso su famosa **teoría de las inteligencias múltiples**.

Seguramente, con el nombre de la teoría sepas por dónde viene la cosa, más o menos. Efectivamente, la teoría de las inteligencias múltiples es una hipótesis que plantea que **hay muchas maneras de medir la inteligencia, más allá del coeficiente intelectual**. Después de todo, las pruebas para medir el coeficiente intelectual suelen involucrar ejercicios de lógica o matemática; ejercicios importantes, por supuesto, pero que no son suficientes para medir cuán inteligente es una persona.

Para Howard Gardner, la inteligencia no agrupa diferentes capacidades específicas, sino que es una red de conjuntos autónomos. Según este investigador, todas las personas tenemos, en un nivel más o menos desarrollado, ocho tipos de inteligencias bien diferenciadas. Estas inteligencias se pueden ver en la "rueda de Gardner":

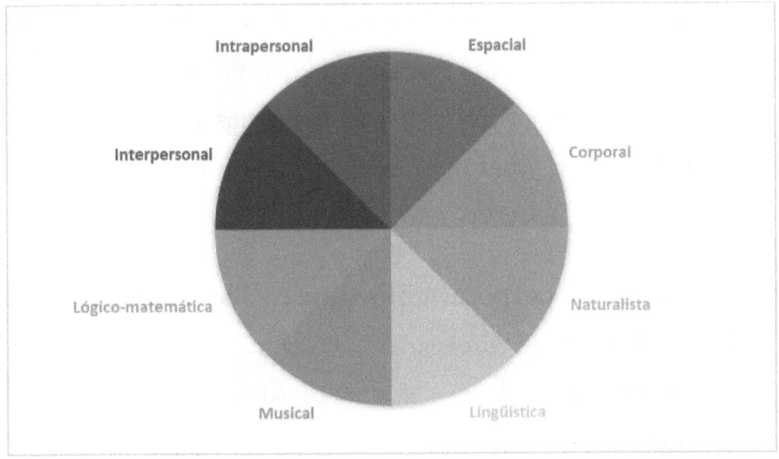

Vamos a explorar brevemente, uno por uno, los 8 tipos de inteligencia según Gardner.

- **Inteligencia lingüística**. Es la inteligencia que nos permite utilizar el lenguaje, ya sea oral, escrito o gestual. Es el que caracteriza a profesionales como los escritores o periodistas.

- **Inteligencia musical**. Algunos la conocen como "buen oído". Sin embargo, por muy fuerte que sea esta inteligencia naturalmente, debe ser estimulada permanentemente para desarrollar todo su potencial. Quienes poseen esta inteligencia suelen ser músicos, compositores, productores o críticos musicales.

- **Inteligencia lógico-matemática.** Es una de las más valoradas en ámbitos como el escolar. Quienes se agrupan en este grupo hacen uso del hemisferio lógico del cerebro y tienen facilidad para las ciencias exactas.

- **Inteligencia espacial-visual.** Las personas con inteligencia espacial pueden observar el entorno e interpretarlo, así como generar imágenes que no existen. Arquitectos y pintores suelen poseer este tipo de inteligencia.

- **Inteligencia corporal-kinestésica.** Las personas que desarrollan esta inteligencia utilizan su cuerpo para desarrollar actividades. Está presente en actores y deportistas.

- **Inteligencia naturalista.** Esta inteligencia se utiliza al observar y estudiar la naturaleza. Fue la última en añadirse, en 1995; hasta entonces, solo se hablaba de "las 7 inteligencias de Gardner".

- **Inteligencia intrapersonal.** La inteligencia intrapersonal es, en líneas generales, la que nos permite conocernos a nosotros mismos, saber identificar qué sentimos y qué pensamos y por qué.

- **Inteligencia interpersonal.** Es el conjunto de habilidades para relacionarse con el resto de las personas: comprenderlas, comunicarse con ellas e interactuar satisfactoriamente. Además, la inteligencia interpersonal permite interpretar las intenciones y los deseos de los demás.

Ahora, detengámonos en los dos últimos tipos de inteligencia que descubrió Gardner: **la inteligencia intrapersonal y la**

inteligencia interpersonal. Como sin lugar a dudas te diste cuenta, las descripciones de estos dos tipos de inteligencia encajan perfectamente en lo que entendemos por "inteligencia emocional". Gardner había hecho uno de los primeros acercamientos académicos a este concepto.

La inteligencia emocional según otros autores

Si bien Gardner hizo un acercamiento muy preciso a lo que es la inteligencia emocional, otros autores también decidieron enfocarse en este tema y ampliar aún más los conceptos.

Por ejemplo, en 1990 los investigadores Peter Salovey y John D. Mayer publicaron un artículo explicando qué era la inteligencia emocional y por qué era tan importante aplicarla. En ese entonces, Salovey y Mayer llegaron a una conclusión: la inteligencia emocional está compuesta por la percepción emocional, la capacidad de razonar utilizando las emociones, la capacidad de comprender las emociones y la habilidad para conducirlas o guiarlas.

Cinco años más tarde, en 1995, el profesor Daniel Goleman publicó su famoso libro *Inteligencia emocional.* En él, Goleman confirma lo que dicen Gardner y los investigadores Salovey y Mayer, pero también suma algunas nociones.

Por ejemplo, presenta las cinco dimensiones que conforman a la inteligencia emocional: **la autoconciencia, la autorregulación, la automotivación, la empatía y las habilidades sociales**.

Veamos todas estas dimensiones una por una.

- La **autoconciencia emocional** es la capacidad que nos permite identificar nuestras propias fortalezas y debilidades y, a partir de eso, capitalizar las primeras y minimizar las segundas.

- La **autorregulación** tiene que ver con la capacidad de controlar nuestras emociones, tanto las positivas como las negativas, para mantener un comportamiento adecuado en cada contexto. En otras palabras: a veces es necesario priorizar a la razón por sobre las emociones. Esta represión de los sentimientos puede evitar situaciones indeseadas.

- La **automotivación** es la habilidad que nos permite seguir nuestros objetivos para alcanzar ciertas metas. Uno necesita de la automotivación para conseguir logros importantes (formar una familia, terminar una carrera universitaria o conseguir el trabajo soñado, por ejemplo), pero también es importante sentirse motivado en la vida cotidiana para alcanzar logros más pequeños.

- La **empatía** es la capacidad de ponernos en el lugar de otra persona y comprenderla. Para ello, tenemos que saber interpretar sus palabras, gestos y emociones adecuadamente. Ser empáticos nos permitirá conectar mucho más con otras personas y desarrollar relaciones saludables.

- Las **habilidades sociales**, finalmente, tienen que ver con las dinámicas comportamentales que potencian o limitan nuestra capacidad de relacionarnos con los demás. Incluyen la comunicación asertiva, la capacidad de mediar en conflictos y la creación de lazos.

Pero ¡suficiente teoría!

Sé que si compraste este libro es porque estás buscando respuestas puntuales sobre cómo afrontar determinadas situaciones de tu vida: relacionarte con tus compañeros de trabajo, aprender a interpretar los sentimientos de un amigo, afrontar una situación difícil… Y además saber cómo comportarse de forma emocionalmente inteligente en cada una de estas situaciones es primordial. De lo contrario, podremos generar múltiples inconvenientes: conflictos, peleas, ansiedad o estrés, por citar algunos.

En este capítulo, diste el primer paso, que consistió en ahondar en la teoría. Ahora, ya sabes exactamente qué significa "inteligencia emocional" y por qué es tan importante. A partir del segundo paso de este camino, que encontrarás en el próximo capítulo, vas a comenzar a cambiar tu vida *de verdad*. En los próximos seis capítulos, aprenderás cuál es la forma correcta de alcanzar una inteligencia emocional que te permita saber cómo guiar tu conducta en cada momento.

Puntos clave del capítulo 1

En este primer capítulo, hemos visto un poco de teoría relacionada con la inteligencia emocional. Algunos de los puntos clave que me gustaría que te lleves de este primer capítulo son los siguientes:

- La inteligencia emocional es la capacidad que tenemos todas las personas para reconocer nuestras propias emociones y las emociones de los demás. Está presente en todos los seres humanos, en mayor o menor medida.

- La inteligencia emocional sirve para guiar nuestras actitudes y nuestras conductas de la mejor forma posible. De esta forma, nos permite alcanzar un desarrollo personal para comunicarnos con eficacia, resolver conflictos, tomar decisiones con criterio y gestionar el estrés y la ansiedad.

- Uno de los primeros autores en hablar sobre inteligencia emocional fue Howard Gardner, un psicólogo que puso en duda que la inteligencia no debiera medirse solo a través del coeficiente intelectual.

- Gardner diferenció ocho tipos de inteligencias, dentro de

las cuales se encuentran dos que podríamos catalogar como parte de la inteligencia emocional: la inteligencia interpersonal y la inteligencia intrapersonal. La inteligencia intrapersonal es la que nos permite identificar qué sentimos y por qué, y la inteligencia interpersonal es el conjunto de habilidades para relacionarnos con los demás.

- El profesor Goleman suma nuevas nociones al concepto de inteligencia emocional y presenta las cinco dimensiones que la conforman: la autoconciencia, la autorregulación, la automotivación, la empatía y las habilidades sociales.

El próximo capítulo aborda en profundidad una de las temáticas que ya vimos parcialmente en este capítulo: la autoconciencia. Encontrarás definiciones sobre autoconciencia, autorregulación y autoconfianza, además de ejercicios para vencer la timidez y controlar la culpa.

Capítulo 2

Autoconciencia

"Conocerse a sí mismo es el principio de toda sabiduría".
- Aristóteles

Conocerse a uno mismo es primordial.

Es el puntapié inicial que nos permite identificar los sentimientos y las emociones y, consecuentemente, poder empatizar con el resto de las personas. A este proceso se lo conoce como autoconciencia: la capacidad de saber qué pasa por nuestro cuerpo cuando estamos sintiendo. De la autoconciencia se derivan otros cuantos conceptos interesantes, como la autovaloración o la autoconfianza.

En este capítulo, veremos:

- ¿Cuáles son las emociones más comunes?

- Autoconciencia

- Autovaloración

- Autoconfianza

- Cómo vencer el miedo

¿Cuáles son las emociones?

Hay *muchas* emociones (¡se ha establecido un listado de hasta 250!). Sin embargo, existe una serie de emociones primarias o básicas que son las que solemos experimentar permanentemente.

Antes de ver cuáles son las emociones primordiales, vamos a ver **cuáles son los objetivos de las emociones**. En principio, las emociones tienen 3 funciones:

- **Función adaptativa**. Prepara al organismo para que podamos actuar en consecuencia de lo que sentimos.

- **Función social**. Expresan nuestro estado de ánimo y facilitan la comunicación. Nos permiten expresarnos.

- **Función motivacional**. Las emociones impulsan la motivación para hacer algo.

Ahora, ¿cuáles son las emociones principales? En 1972, el psicólogo Paul Ekman propuso una lista de **6 emociones básicas y universales**.

- Miedo

- Asco

- Sorpresa

- Tristeza

- Felicidad

- Enojo

Otros autores, como Robert Pluchik, han engrosado la lista de emociones. Algunas emociones secundarias a la lista original son:

- Aceptación

- Esperanza

- Remordimiento

- Amor

- Decepción

- Alevosía

- Sumisión

- Desprecio

- Optimismo

- Pesimismo

Seguramente recuerdas momentos particulares en los que has

experimentado *todas* estas emociones. El proceso de reconocer todas las emociones en nuestro cuerpo y nuestra mente se conoce como autoconciencia. Veamos más sobre este término a continuación y por qué es tan importante.

¿Qué es la autoconciencia?

Comencemos a entender el concepto de "autoconciencia".

La autoconciencia es el reconocimiento de nuestras emociones y sus efectos. Daniel Goleman lo define de la siguiente manera: "Es el componente más importante de la inteligencia emocional, e implica tener un conocimiento profundo de nuestras emociones, fortalezas, debilidades, necesidades e impulsos".

Alguien con una autoconciencia fuerte es una persona honesta consigo mismo y con los demás; es una persona, como se dice, "con los pies en la tierra". Alguien con una autoconciencia fuerte sabe muy bien de qué es capaz y de qué no, y también puede reconocer lo que siente, cuándo lo siente y por qué lo siente. Es alguien que no se aleja de la realidad con un optimismo desproporcionado, aunque tampoco tiene pensamientos negativos que le impiden alcanzar sus metas.

Una persona con autoconciencia fuerte sabe hacia dónde se dirige en la vida o, al menos, hacia dónde *quiere* dirigirse; por ello, recibirá las críticas de manera constructiva. En cambio, alguien con una autoconciencia baja tenderá a enfadarse ante las críticas.

Los estudios sugieren que una correcta autoconciencia nos permite tomar decisiones más sólidas, generar vínculos más fuertes y ser más productivos. Y es que ser conscientes de nuestras propias emociones y sentimientos nos hace vernos a nosotros mismos con mayor claridad, lo cual hace que tengamos más pensamiento crítico.

¿Qué es la autovaloración?

Para llegar a una correcta autoconciencia, tenemos que elaborar un concepto de nosotros mismos. **Esto se conoce como autovaloración**.

Se logra con la realización de una evaluación a nosotros mismos en la que tenemos que intentar reconocer nuestras debilidades y fortalezas.

Reconocer nuestras debilidades nos dará la posibilidad de reflexionar en torno a ellas y mejorarlas. Por ejemplo: reconocerse impuntual es el primer paso para intentar cambiarlo. Otro ejemplo: reconocerse como conformista y admitir que no sales de esta zona de *confort* desde hace años. ¡El primer paso es *reconocerlo*! Por otra parte, reconocer nuestras fortalezas nos dará mayor autoconfianza para actuar. Esto es sustancial para todas las áreas de la vida.

Veamos más sobre la autoconfianza en el próximo apartado.

Autoconfianza: qué es y cómo mejorarla

La autoconfianza es, como seguramente ya dedujiste, la confianza en uno mismo. O sea, es la determinación que nos permite confiar en nuestro criterio, nuestras condiciones positivas y nuestras fortalezas a la hora de lograr lo que nos proponemos. La autoconfianza es necesaria en todos los aspectos de la vida: en el trabajo, con las relaciones y con uno mismo. Es lo que nos permite sentirnos en paz con nosotros mismos y saber que hemos hecho lo correcto.

Algo importante para destacar es que la autoconfianza es un conjunto de ideas y creencias totalmente subjetivas. Esto quiere decir que las limitaciones a nuestra confianza las ponemos *nosotros mismos*, y saltar esas barreras también es un trabajo que tenemos que hacer nosotros de forma interna.

Pongamos un ejemplo: tienes una bonita voz y tus amigos y tu familia te lo han dicho toda la vida. Sin embargo, crees que no estás listo o lista para actuar frente a un público. Los miedos empiezan a aparecer: vas a hacer el ridículo, la gente se burlará o simplemente te ignorará. Por ello, hace años que rechazas las peticiones de tus amigos y familiares de cantar frente a una audiencia.

Este es un problema común de autoconfianza. Sabes que tienes las herramientas necesarias, pero aún así hay algo en tu cabeza que te impide alcanzar ese objetivo. Un molesto e irracional limitante que te impide ser feliz.

Hagamos una analogía algo simple, pero servirá: todo lo que deseas está del otro lado de la puerta. Lo único que tienes que hacer es girar el picaporte. Tú tienes todo el poder para hacerlo. *Es momento de tirar esa puerta abajo.*

Por supuesto, experimentar inseguridades a veces es común. De hecho, es necesario: de lo contrario, todos actuaríamos impulsivamente. Sin embargo, cuando la inseguridad es permanente, estamos ante un claro caso de falta de confianza en uno mismo, y eso es muy dañino.

Ya sé lo que estás pensando. "Es muy fácil decirlo, pero ¡no puedo hacerlo! ¡No puedo derribar esa puerta!". No te preocupes: te voy a dar algunos consejos para que trabajes tu autoconfianza y te conviertas en una persona con mayor determinación y autoestima.

1. Analizar las cosas desde fuera

Pon en práctica este ejercicio: intenta *distanciarte* de ti mismo. Cuando creas que no puedes lograr algo, reflexiona profundamente e intenta analizar esa situación como si fueses un observador externo. ¿Qué te diría esa persona?

Las palabras que recibas de parte de ese "observador externo" serán lo más objetivas posibles. Esto te dará herramientas para que te des cuenta de que es posible que logres aquello que crees que no eres capaz.

2. ¡No idealices a los demás!

Las redes sociales son fantásticas: nos conectan con nuestros amigos, nos sirven para trabajar y nos permiten mostrarle al mundo una imagen de nosotros mismos. Sin embargo, ¡hay que tener cuidado con esto!

Tendemos a idealizar a las demás personas y no podemos evitar compararnos con ellas. Eso destruye nuestra autoconfianza y nuestra autoestima, porque nos hace pensar que nunca conseguiremos alcanzar la *perfección* que se nos muestra o la vida extremadamente feliz e interesante que parecen tener nuestros contactos.

Antes de autocastigarte, piensa en frío las cosas. Ten en cuenta que las personas eligen mostrar un recorte de la realidad, y lo más lógico es que muestren sus momentos más felices. Eso no significa que sean felices todo el tiempo.

3. Fija metas realistas

Es fácil desanimarse cuando no logras lo que te propones. Pero ¿te has preguntado alguna vez si tus metas son *realistas*?

Soñar en grande y establecer metas a largo plazo es importante, pero es igualmente importante fijar pequeños objetivos que te acercarán cada vez más a esa meta mayor.

Imaginemos algo: quieres bajar aproximadamente 20 kilos, y sientes frustración porque el camino parece ser largo y complicado y aún no has visto ningún resultado. La clave es dividir tus objetivos a largo plazo en metas más cortas y alcanzables. Por ejemplo: una meta a corto plazo podría ser perder 2 kilos por mes. Cuando veas que puedes cumplir con esto, sentirás mucha más motivación y eso funcionará como el motor para que continúes en el camino a tu objetivo más grande.

4. Rodéate de las personas correctas

Rodearte de las personas correctas también es muy importante para mejorar tu autoconfianza. La gente con la que más tiempo pasas influye decisivamente en tu vida y en lo que sientes y piensas sobre ti mismo. Una persona que permanentemente te está diciendo que no puedes o no debes hacer algo que realmente quieres hacer es alguien de quien es mejor alejarse. En el capítulo 3 de este libro encontrarás mucha más información sobre los vínculos tóxicos y cómo eliminarlos de tu vida.

5. Sal de tu zona de confort

Sí, seguro que has escuchado esta frase un montón de veces. Pero ¿alguna vez te pusiste a pensar en lo que quiere decir realmente? Salir de tu zona de confort significa hacer cosas que te pueden hacer sentir incomodidad o nerviosismo en un principio; algo que está por fuera de lo que harías normalmente en tu rutina. Por ejemplo:

- Viaja en soledad

- Anímate a conocer gente diferente

- Inscríbete en cursos y talleres que te interesen

- Atrévete a usar nuevos estilos de ropa

- Visita lugares diferentes en tu ciudad

- Haz algo que has pospuesto durante mucho tiempo

Salir de tu zona de confort te permitirá **enfrentar tus miedos y superar tus limitaciones**, lo cual se traducirá en un desarrollo de tu autoconfianza asegurado.

Para resumir: los tres pilares del reconocimiento individual son los siguientes:

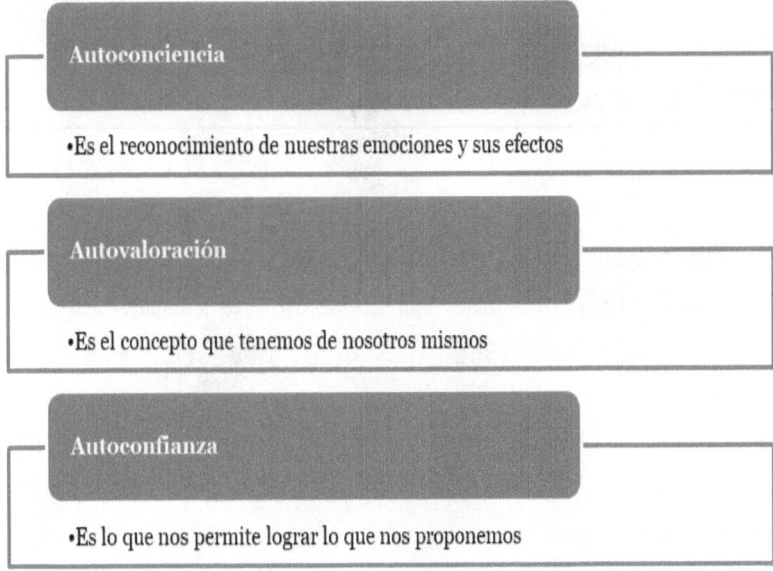

Autoconciencia
•Es el reconocimiento de nuestras emociones y sus efectos

Autovaloración
•Es el concepto que tenemos de nosotros mismos

Autoconfianza
•Es lo que nos permite lograr lo que nos proponemos

Cómo controlar el miedo

Como ya hemos visto en este capítulo, el miedo está considerado como una de las emociones básicas y universales. Esto significa que está presente en todos y cada uno de nosotros. Es importante que esté allí: funciona como un mecanismo de defensa en las situaciones riesgosas. Si no sintiéramos miedo, haríamos cosas por impulso que podrían terminar muy mal.

Sin embargo, a veces el miedo aparece cuando no tiene por qué hacerlo. A veces, el miedo nos paraliza y nos impide hacer las cosas que nos gustan o que queremos hacer, solo porque una voz irracional en nuestro interior nos dice que no conseguiremos los resultados esperados.

¡Es momento de vencer el miedo! A continuación, te daré una serie de técnicas que te ayudarán.

1. Identifica el miedo

El primer paso es el más difícil... pero también es el más importante. Identifica aquellas cosas que te causan temor y ansiedad; esas situaciones que crees que sería mejor no enfrentar.

Un ejemplo común es el miedo a conocer personas nuevas. Muchas veces ocurre que alguien nos ha lastimado en el pasado, y creemos que todas las personas van a hacer lo mismo. Para poder afrontar y superar ese miedo, es importante que lo reconozcamos.

2. Reflexiona

Para vencer los miedos e inseguridades, obsérvate a ti mismo y reflexiona. Tómate un momento y piensa en profundidad por qué sientes ese miedo irracional ante una situación que no debería generarte esa sensación tan angustiante.

A veces, la respuesta es muy obvia. Siguiendo con el ejemplo, podríamos pensar que todos nos van a lastimar porque alguien en el pasado nos hirió. Sin embargo, a veces las causas de los temores están más escondidas en el subconsciente. Si realmente no encuentras el origen de ese miedo que te impide avanzar, una buena idea es pedir ayuda profesional, como la terapia psicoanalítica.

3. Respira

La respiración es *clave* cuando estamos frente a una situación que nos angustia y nos da inseguridad.

Volvamos al ejemplo del principio: imagínate que te produce mucho temor conocer gente nueva. Estás en un evento social y una persona desconocida se acerca para conversar amistosamente contigo. Enseguida comienzan a sudar tus manos, tu corazón empieza a latir más deprisa y sientes que de tu boca solo saldrán balbuceos.

¡Deshazte de esos pensamientos negativos! Para ello, ayúdate con la

respiración. Toma aire por la nariz, lenta y profundamente, y luego exhala por la boca. Hazlo diez veces y verás cómo te relajas. A partir de ahora, todo va a fluir.

4. Acepta que fallarás

El fracaso es un gran maestro. Si aceptas eso desde un comienzo, tendrás menos temor a hacer cosas. Y, en consecuencia, tendrás más posibilidades de alcanzar el éxito en lo que te propongas.

5. Habla

No guardes tus miedos para ti mismo.

Habla con tus amigos, familiares y otras personas cercanas, y hazlo con naturalidad. Al compartir tus miedos, estarás librándote de una pesada carga y, además, estarás dándoles la posibilidad a tus vínculos de que también se abran contigo.

Ejercicios para interpretar tus propias emociones

A continuación, te propongo una serie de ejercicios para que aprendas a interpretar tus propias emociones.

1) Reflexiona sobre cómo te sientes en este momento. ¿Estás feliz? ¿Sientes motivación? ¿Tristeza? ¿Sientes enojo,

aburrimiento o frustración?

2) Identifica tres situaciones que te hayan hecho enfadar en los últimos días. Piensa en cómo resolviste esos inconvenientes y reflexiona si esa fue la forma correcta de hacerlo. Considera si reaccionarías de la misma forma si tuvieras que enfrentarte a esos problemas en este momento.

3) Identifica tres situaciones que te hayan hecho muy feliz en los últimos días y piensa en por qué te hicieron feliz.

4) Completa las siguientes frases:

   a) Soy una persona feliz cuando _____.

   b) Me enojo mucho cuando _____.

   c) Me produce ansiedad _____.

   d) Siento temor de _____.

Puntos clave del capítulo 2

En este capítulo, abordamos los conceptos más importantes para comprender la necesidad del conocimiento de uno mismo. Vamos a ver algunos de los puntos centrales que aprendimos.

- Las emociones tienen una función adaptativa, una función social y una función motivacional.

- Hay muchas emociones. Sin embargo, existe una serie de emociones básicas y primarias: miedo, asco, sorpresa, tristeza, felicidad y enojo.

- La autoconciencia es el reconocimiento de las emociones propias y sus efectos. Una persona con autoconciencia fuerte puede tomar decisiones más sólidas, generar vínculos más fuertes y ser más productiva.

- La autovaloración es el concepto que tenemos de nosotros mismos. Se logra con una autoevaluación en la que tenemos que reconocer nuestras fortalezas y debilidades.

- La autoconfianza es la determinación que nos permite confiar en nuestro criterio, nuestras condiciones positivas y nuestras fortalezas.

- Algunas técnicas para mejorar la autoconfianza son:

  - Analizar las cosas como un "observador externo"

  - No idealizar a los demás

  - Fijar metas realistas

  - Rodearse de las personas correctas

  - Salir de la zona de confort

- El miedo es una de las emociones básicas más limitantes.

Cuando aparece en momentos en los que no debería aparecer, puede paralizarnos e impedir que hagamos lo que queremos o lo que nos gusta.

- Para vencer el miedo, el primer paso es identificarlo. Otras técnicas incluyen reflexionar, respirar adecuadamente y hablar con las personas que nos quieren.

En el próximo capítulo (y, por lo tanto, el cuarto paso de este camino), nos vamos a adentrar en el mundo de las relaciones interpersonales: ¿cómo nos relacionamos con los demás?

Capítulo 3

Relaciones y comunicación

"Quien no comprende una mirada tampoco comprenderá una larga explicación".
- **Proverbio árabe**

Bienvenidos al tercer paso de este camino para ser emocionalmente inteligentes.

En los dos capítulos anteriores hemos ahondado en varios términos ligados al conocimiento de uno mismo, como la autoconciencia, la autovaloración o la autoconfianza. Todo eso es importantísimo para ser conscientes de nosotros mismos, de nuestras emociones y de nuestros sentimientos. Pero la realidad es que vivimos en sociedad junto a otras personas, y tenemos que relacionarnos todos los días con compañeros de trabajo, amigos, familiares, completos desconocidos... y también personas *tóxicas*.

¿Cómo relacionarnos y comunicarnos con el resto de las personas? En este artículo, vamos a explorar:

- Por qué es importante la comunicación

- Cómo vencer la timidez y la ansiedad al hablar en grupo

- Cómo potenciar los vínculos sanos y eliminar los tóxicos

- ¿Se puede perdonar a alguien?

La comunicación: la más importante de las habilidades sociales

La comunicación es una de las habilidades sociales más importantes. Tener una buena comunicación nos sirve para desempeñarnos adecuadamente en todos los ámbitos de la vida. Se trata de un concepto muy amplio y que ha sido estudiado históricamente por múltiples autores y desde muchas teorías diferentes; sin embargo, la mayoría de esos estudiosos coincide en que se trata de un proceso que involucra la transmisión de un mensaje y su posterior recepción por parte de un interlocutor.

La comunicación es sustancial para todos porque es el medio que tenemos para comprender a los demás y hacernos entender a nosotros mismos. Si no nos pudiésemos comunicar, no podríamos hacer prácticamente nada de lo que hacemos en nuestra vida cotidiana.

Cómo vencer la ansiedad al hablar en grupo

Comunicarse no siempre es sencillo. A veces no podemos encontrar las palabras precisas para decir algo. Otras veces, nos vence el miedo y la timidez y eso hace que no seamos lo suficientemente claros, o que optemos por callarnos.

Tanto en la vida personal como en la vida laboral, hablar en grupo puede ser una tarea complicada para muchas personas. Hay gente que tiene sudoración en las manos, taquicardia y hasta falta de aire con la simple idea de que un montón de personas le estén mirando y prestando atención exclusiva.

Sin embargo, tener que hablar en grupo es algo muy común en todos los ámbitos de la vida y, de hecho, es muy positivo. Practicar la oratoria supone mejorar nuestras habilidades de comunicación oral y gestual, pero además nos permite crear momentos y fortalecer nuestros vínculos.

Como todas las habilidades sociales, la de hablar en grupo se puede adquirir. Y hacerlo es sencillo: *basta con pensar de la manera correcta.* Veamos un ejemplo de cómo una misma situación puede decantar en dos escenarios según el pensamiento que tengamos.

Situación	Pensamiento	Sentimiento	Comportamiento
Evento social con amigos	Todos tienen cosas más interesantes que yo para decir	Ansiedad	Hablar muy poco durante todo el evento
	Objetivamente, me han pasado cosas muy interesantes y algo descabelladas esta semana	Entusiasmo	Encontrar un momento en que todos me escuchen para contar lo que me pasó durante la última semana

Como ves, tener habilidades sociales de comunicación puede partir desde un simple pensamiento. Por supuesto, para considerarse a uno mismo interesante es necesario trabajar en el autoconcepto. Esto permitirá desarrollar una mayor autoestima, lo que nos dará más herramientas. Si todavía sigues teniendo dudas sobre cómo mejorar la autoconfianza, puedes repasar el capítulo 2 tantas veces como sea necesario.

Ahora, quizá te estés preguntando **cómo hablar en grupo**. Algunas técnicas de oratoria que te servirán para estos casos son las siguientes:

1. Pensar bien lo que vamos a decir

Las palabras son el vehículo de lo que pensamos, sentimos y de lo que queremos contar. Por eso, escogerlas correctamente es una parte vital del proceso de comunicación. Antes de hablar, es muy importante que tengamos en mente todo lo que queremos expresar. De lo contrario, podríamos quedarnos a mitad de la frase intentando encontrar las palabras correctas.

2. Utilizar recursos de la oratoria

Cuando hablamos ante un grupo, ya sea con amigos, familiares o en un entorno laboral, las palabras no son el único recurso posible. Si hablamos de forma monótona y repetitiva, podemos aburrir a nuestra audiencia. En cambio, para darle más emoción al relato y mantener a los espectadores mucho más atentos, podemos usar técnicas como:

- Silencios y pausas

- Cambios de tono de voz

- Gestos con las manos

3. Mantener el ritmo

También es importante hablar con tranquilidad. A veces, la

ansiedad por contar el remate de una historia nos lleva a contar las cosas de una forma algo atropellada. En cambio, tenemos que saber darle el lugar que merece a cada elemento de nuestro discurso: el principio, el desarrollo, el final y el remate.

4. **Transmitir con la voz**

Cuando estamos contando algo, lo mejor es que nuestra voz transmita una serie de cualidades: credibilidad, energía, seguridad y entusiasmo. Esto hará que todos los que te oyen sigan atentamente cada palabra que sale de tu boca.

5. **Buscar un remate**

Es recomendable que nuestro discurso tenga un remate; algo que sorprenda, que deje a la gente con ganas de saber más sobre el tema o simplemente que impacte de alguna forma. Para garantizar un buen remate, lo mejor es no contar la parte más jugosa del relato al principio.

Esto funciona incluso en conversaciones triviales y cotidianas, donde el remate puede convertir una anécdota de lo más común en algo súper interesante. Por ejemplo, es mejor comenzar una historia con "A que no saben a quién me encontré la tarde pasada cuando fui al supermercado" que hacerlo con "La tarde pasada me encontré a María cuando fui al supermercado".

Escuchar atentamente lo que nos dicen

Como ya hemos dicho, una de las partes sustanciales del proceso de comunicación es la recepción del mensaje. Cuando nos toca a nosotros posicionarnos desde ese lugar, podemos aplicar dos habilidades: la atención y la aceptación.

La atención tiene que ver con una escucha activa. En cualquier conversación, tenemos que mantener el 100% de nuestra atención en lo que se nos está diciendo. De esta forma, le estaremos dando a entender a la otra persona que realmente nos interesa lo que tiene para decir. Incluso aunque tengamos la capacidad de hacer dos cosas al mismo tiempo, debemos enfocarnos en ese mensaje. No es un gesto cordial, por ejemplo, estar mirando la pantalla de nuestro teléfono celular si una persona nos está contando algo.

La atención también implica cierto grado de compromiso en lo que se está contando. Preguntar e interesarse en detalles sobre lo que se nos está contando es una buena idea para potenciar los vínculos. Por ejemplo:

Situación	Atención sin compromiso	Atención con compromiso
Un amigo te cuenta que hará un viaje emocionante por las montañas y que está muy entusiasmado	Te limitas a felicitarlo y a desearle un buen viaje	Lo felicitas y le preguntas qué sitios recorrerá y cuántos días durará la travesía. Finalmente, le deseas un buen viaje
Tu hija te cuenta que su profesora de Matemática le ha puesto una mala nota	Te limitas a decirle que tiene que estudiar más y la amenazas con castigarla si continúa sacando malas notas	Le preguntas si cree que hay una situación particular que explique sus malas notas. le ofreces la posibilidad de que tome clases particulares
Tu pareja te dice que ha tenido un mal día en el	Respondes que lo sientes, y le dices que tú también has tenido un mal	Le preguntas qué ha pasado y te muestras comprometido

trabajo	día	con el relato. Luego, le cuentas que tú también has tenido un mal día

Cuando alguien nos cuenta algo, tenemos que aceptarlo. La aceptación implica ser empáticos; intentar ponernos en el lugar de la otra persona mientras practicamos la escucha atenta. En otras palabras, tenemos que comprender sus palabras y, aunque no estemos de acuerdo, aceptarlas.

Sin embargo, en este punto me gustaría hacer una salvedad. La tolerancia es vital para la convivencia con otras personas, pero también está sujeta a una paradoja. La paradoja de la tolerancia fue descrita por Karl Popper, un filósofo austríaco, en 1945. Popper asegura que tolerar *todo* también significa tolerar a quienes limitan las libertades, por ejemplo, con discursos homofóbicos, xenófobos o racistas. Pero esto, por supuesto, no es tolerable ni aceptable. En definitiva, la aceptación en la comunicación tiene que partir desde el sentido común.

¿Cómo identificar a una persona tóxica?

La comunicación es esencial para mantener vínculos fuertes y saludables en cualquier tipo de relación, ya sea en el ámbito personal o profesional. Sin embargo, a veces no siempre es positivo intentar conservar ciertos vínculos. A veces, simplemente es mejor dejar ir algunas relaciones que no nos aportan bienestar a nuestra vida y que solo nos generan conflicto.

¿Alguna vez escuchaste la expresión "vampiro energético"? Seguramente ya te das una idea de qué puede llegar a significar. Efectivamente, un vampiro energético es alguien que te "chupa" la energía. Alguien que te apaga y te consume el entusiasmo y las ganas de hacer cosas que te gustan. A menudo hay vampiros energéticos en nuestra vida. A veces son personas de nuestro entorno laboral, otras veces son personas con quienes hemos compartido parte de nuestra vida y con quienes seguimos teniendo relación solo por costumbre (un amigo del colegio, por ejemplo), y otras veces son parejas o personas con las que mantenemos un vínculo romántico.

Esta gente puede ser tóxica. Es gente que inunda el ambiente con emociones negativas debido a características de su personalidad como la manipulación o el pesimismo. Pero… ¿cómo identificar a las personas tóxicas para borrarlas de tu vida?

Las personas tóxicas suelen cumplir varias o todas las características que detallo a continuación.

- **Se quejan permanentemente**. Cuando se presenta un problema, por más mínimo que sea, las personas tóxicas tenderán a quejarse en lugar de buscar una solución. Además, no admitirán ningún consejo, porque creen que los problemas ya planteados difícilmente se pueden solucionar.

- **Te dicen que todos están en su contra**. Una persona tóxica suele considerarse como víctima de gente que hace cosas para perjudicarla. A menudo te dirá lo mismo a ti: que no confíes en ciertas personas, porque no quieren verte progresar, porque les caes mal o porque simplemente son personas con quienes no vale la pena entablar una relación.

- **Se comparan con el resto de las personas**. Normalmente, piensan que sus problemas son mucho mayores que los de los demás, y que poca gente los comprende. Del mismo modo, sienten envidia cuando una persona alcanza logros y, en lugar de ponerse felices por ellos, experimentan sentimientos negativos.

- **Son manipuladores**. Alguien tóxico suele ser audaz para leer una personalidad. Cuando lo logran, son capaces de manejar los pensamientos y emociones a su antojo.

Las personas tóxicas despiertan en nosotros sentimientos negativos. Por ello, tenemos que crear un caparazón que nos permita poner una barrera ante sus comportamientos.

En primer lugar, **evita a las personas tóxicas**. Si tienes la posibilidad, corta de raíz los vínculos con gente que consume tu energía y tu entusiasmo. Si esto no es posible (por ejemplo, porque se trata de un compañero del trabajo al que tienes que ver todos los días), intenta limitar tus interacciones. Cuando tengan que comunicarse, evita tocar temas demasiado profundos o expresar tus pensamientos y sentimientos. Limítate a hablar de lo que es estrictamente necesario para cumplir la tarea o, en todo caso, de algún tema banal.

Por otra parte **usa técnicas de comunicación asertiva**. La comunicación asertiva (que veremos en detalle en el próximo capítulo) es una gran herramienta para poner ciertos límites con algunas personas. Consiste, básicamente, en mantenernos firmes en nuestras decisiones y comunicarnos con la mayor claridad posible. Si tienes que decir que no a algo, hazlo con firmeza. Evita caer en juegos emocionales o debates sin fin.

Por último, **atiende a sus intentos por redimirse**. Que alguien sea tóxico actualmente no quiere decir que vaya a serlo por el resto de su vida. Es bueno adoptar una actitud empática hacia una persona que reconoce sus defectos e intenta modificarlos.

¿Es posible perdonar a alguien?

Muchos se preguntan si es posible perdonar a una persona. La respuesta es sí, aunque no todos los casos son iguales. La posibilidad de perdonar a una persona dependerá de muchos aspectos, entre los que se incluyen la gravedad de lo que haya hecho, el tiempo que haya pasado e incluso diferencias en la cosmovisión de las personas.

Perdonar suele ser la opción más recomendable, porque implica dejar atrás sentimientos negativos como el resentimiento o la ira y disminuir emociones destructivas.

Pero perdonar no tiene por qué conllevar una reconciliación segura. De hecho, los psicólogos Gordon y Baucom, en el estudio _Una intervención integradora para promover la recuperación de relaciones extramaritales_, señalan que perdonar a alguien no significa desarrollar sentimientos positivos hacia quien nos ha herido, sino sanar la herida propia. Es, en definitiva, un acto egoísta.

Pongamos uno de los ejemplos más comunes: ¿se puede perdonar una infidelidad? Esto dependerá de varias cosas y, sobre todo, de las personalidades de las personas involucradas. Hay gente que ni siquiera se plantea la posibilidad de perdonar una infidelidad, y hay otras personas que consideran que un evento extramarital casual no debería poner en riesgo a una pareja establecida a base de cariño, compañerismo y confianza. Entonces, ¿qué hacer en estos casos?

En primer lugar, perdonar a una pareja por infidelidad no quiere decir que tengamos que olvidar lo sucedido (tampoco significa que tengamos que recordarlo a cada momento, claro). Perdonar una infidelidad se trata de reconocer el daño y dejar ir los sentimientos de resentimiento y amargura de forma consciente.

Si queremos salvar una relación en la que ha existido una infidelidad, tenemos que tener en claro que la comunicación es la clave. Es importante conversar de forma muy honesta sobre los sentimientos de la pareja con el objetivo de reconstruir la confianza y avanzar en la relación.

Por otro lado, el hecho de perdonar a una pareja no significa que la relación se tenga que salvar necesariamente. Si el daño ha sido demasiado profundo, es posible que la solución para sanar sea la separación.

Más allá de si existe una reconciliación o no, el perdón es clave. Dejar atrás la amargura que sentimos hacia alguien que nos ha herido reportará grandes beneficios en nosotros.

- Menos amargura y hostilidad

- Mejor salud mental

- Menos síntomas de estrés o depresión

- Desarrollo de la empatía

- Fomento de sentimientos compasivos

- El perdón es el primer paso a la superación

Puntos clave del capítulo 3

Vamos a ver un resumen de los puntos clave de este capítulo:

- La comunicación es una de las habilidades sociales más importantes. Tener buena comunicación nos ayuda a desempeñarnos en todos los ámbitos de la vida.

- Comunicarse no siempre es sencillo. Hablar en grupo puede ser difícil para muchas personas que sufren de timidez o de ansiedad social. Para aprender a hablar en grupo, una buena idea es pensar de la manera correcta. Esto despertará los sentimientos adecuados que derivarán en los comportamientos deseados. Para ello, debemos trabajar en mejorar nuestra autoconfianza.

- Hay muchas técnicas para aprender a hablar en grupo que te pueden servir:

  - Pensar bien antes de hablar

  - Apoyarse con gestos, silencios y cambios en el tono

  - Mantener el ritmo adecuado

  - Transmitir energía y credibilidad con la voz

  - Buscar un remate

- Es muy importante escuchar atentamente cuando nos hablan, así le estaremos dando a entender a la otra persona que realmente nos interesa lo que tiene para decir. También es importante aceptar lo que se nos está diciendo; intentar ponernos en el lugar de la otra persona mientras practicamos la escucha atenta.

- Las personas tóxicas inundan el ambiente con emociones negativas. Algunas características de la gente tóxica son:

  ○ Se quejan permanentemente

  ○ Piensan que todos están en su contra

  ○ Se comparan con los demás

  ○ Son manipuladores

- Algunas técnicas para poner una barrera ante los comportamientos de la gente tóxica son evitarlas, limitar tus interacciones con ellos, utilizar técnicas de comunicación asertiva y, finalmente, atender a sus intentos por redimirse.

- Perdonar a una persona es posible, aunque el perdón dependerá de cada caso. Perdonar es recomendable porque implica dejar atrás sentimientos negativos como el resentimiento. Perdonar no tiene por qué significar una reconciliación segura. De hecho, psicólogos aseguran que el acto de perdonar tiene que ver con sanar una herida propia. Algunos de los beneficios que nos brinda perdonar son una menor amargura, mejor salud mental y el desarrollo de empatía y sentimientos compasivos.

Capítulo 4

Cómo gestionar las emociones en el trabajo

"El talento gana partidos, pero el trabajo en equipo y la inteligencia ganan campeonatos".
- **Michael Jordan.**

Hemos llegado a una de las partes más importantes de este libro: te enseñaré a gestionar las emociones en tu lugar de trabajo. Esto te permitirá navegar las crisis y resolver las tensiones del día a día, así como lidiar con jefes, compañeros o clientes difíciles. En los próximos apartados, vamos a ver:

- Por qué es importante gestionar las emociones en el entorno laboral

- Qué es la comunicación asertiva y cómo usarla

- Cómo aprender a decir que no

- Habilidades blandas en el trabajo: cuáles son y cómo potenciarlas

La importancia de gestionar las emociones en el trabajo

Pongamos un ejemplo.

Trabajas en una agencia de publicidad y marketing. Es lunes, son las nueve de la mañana y sabes que te espera un día largo, porque tu agenda está repleta de reuniones con clientes. Para colmo, varios de tus colegas están de vacaciones, así que tu carga laboral es razonablemente más alta que de costumbre. Hasta ahora, un panorama difícil... pero ¡todo está por ponerse *todavía más complicado!*

Nada más llegar a la oficina, te encuentras con varios problemas. Primero, te das cuenta de que un compañero del equipo *clave* ha faltado por enfermedad, y su ausencia complica mucho las cosas. Durante toda la mañana, trabajas con mucho estrés y, para empeorar las cosas, cerca del mediodía llama un cliente muy importante quejándose porque el proyecto que el equipo entregó la semana pasada no fue lo que esperaba.

El resto del día transcurre con muchísimo trabajo y por la tarde tu jefe te llama a su despacho y te comunica que acaba de renunciar una compañera, y que tú te encargarás de sus responsabilidades y tareas... *por el mismo sueldo.*

Un mal día.

En la gran mayoría de los trabajos, hay días como estos (días en los que sientes que vas a estallar) y días mucho más tranquilos. Lamentablemente, no se puede escoger qué días del calendario serán los tranquilos y cuáles no. Existe una serie de factores internos y externos en todas las organizaciones que hacen que este tipo de días caóticos ocurran con frecuencia. Pero ¿cómo afrontarlos?

Tenemos que saber que afrontar las tensiones diarias del trabajo *es posible.* No solo es posible: es *clave* para evitar que se conviertan en situaciones estresantes o angustiantes. De lo contrario, los trabajadores de una organización podrían desarrollar desmotivación y ansiedad y, en casos más graves, enfermedades como la depresión. Además, los directivos de la organización verán cómo la productividad desciende a medida que sus colaboradores se encuentran cada vez más desmotivados.

Volvamos al ejemplo del principio; a ese día caótico en tu agencia de publicidad. ¿Cómo reaccionarías ante este panorama? Probablemente, se te pasen por la cabeza muchas sensaciones y emociones posibles: tristeza, ira, impotencia, frustración... Y ¡está muy bien que sientas esas cosas! Lo más importante, sin embargo, es *qué hacemos con todas esas emociones.*

El autocontrol es una de las claves. Autocontrolarse no significa reprimir los sentimientos y las emociones, sino procesarlos, reflexionar en torno a ellos y no actuar impulsivamente, algo que en un entorno laboral puede ser delicado. Hallar este equilibrio emocional nos permitirá desarrollar la empatía y, además, estaremos favoreciendo el funcionamiento de un equipo de trabajo mucho más saludable gracias a una comunicación sana y adaptativa.

Volvamos al ejemplo e intentemos ver de qué forma reaccionar ante cada uno de los desafíos que te hemos propuesto.

En primer lugar, estallar en ira con nuestro compañero de trabajo por haber faltado por enfermedad no sería una actitud empática. En cambio, sí lo sería intentar comprender las razones por las que nuestro compañero ha faltado, y entender que no tiene la culpa por haberse enfermado. A partir de esa certeza, podemos intentar que su ausencia se note lo menos posible.

Por otro lado, enfadarnos con el cliente que se ha quejado tampoco es una buena idea. Es perfectamente posible que el cliente no tenga la razón; sin embargo, lo mejor es buscar una manera asertiva de hacerle ver al cliente que el trabajo de la agencia ha sido bienintencionado y profesional y que, en cualquier caso, intentarán superar sus expectativas la próxima vez.

Por último, discutir desde el enojo con nuestro jefe por sumarnos más responsabilidades con un menor sueldo probablemente no llegue a buen lugar. En cambio, sí es una buena idea exponer nuestros argumentos con asertividad y confianza, y esperar poder llegar a un acuerdo.

Y esto, precisamente, nos lleva al apartado siguiente: **la comunicación asertiva**, algo indispensable para cualquier entorno laboral.

Comunicación asertiva: qué es y cómo aplicarla

Podemos decir que, en el trabajo, hay cuatro tipos de comunicaciones posibles, tanto entre empleados como de directivos a empleados y viceversa.

- **Comunicación pasiva**. Tiende a evitar las situaciones incómodas; por tanto, huye de los conflictos. Esto es sumamente negativo para un entorno laboral, porque genera un ambiente de desmotivación e indiferencia.

- **Comunicación agresiva**. Consiste en comunicar de forma poco amable y sin que importen los sentimientos del interlocutor. Genera un ambiente de trabajo hostil y violento.

- **Comunicación pasivo-agresiva**. Se da cuando se comunica una noticia negativa de forma indirecta, en lugar de abordar la problemática abiertamente. A menudo se utiliza el sarcasmo o las amenazas.

- **Comunicación asertiva**. Esta es la que nos interesa y la que debemos potenciar en el trabajo.

La comunicación asertiva es una estrategia muy importante en entornos de trabajo. Consiste en comunicar las cosas de una forma efectiva y muy clara. Además, una comunicación asertiva no tiene descalificativos y no busca el conflicto. Entonces… ¿Una comunicación asertiva significa *darle la razón a los demás*? No. ¡Muy lejos de eso!

Una comunicación asertiva implica posicionarnos desde un lugar, pero hacerlo con empatía, respeto, profesionalismo y, al mismo tiempo, seguridad.

Comencemos por definir "asertividad". La asertividad es la herramienta de expresar lo que uno piensa y siente de forma honesta, directa e inequívoca, sin que esto afecte los sentimientos o las intenciones del interlocutor y respetando lo que la otra persona piensa y siente. Así, alguien asertivo tiene un alto grado de empatía y una correcta gestión de las emociones y del lenguaje corporal.

Volvamos al ejemplo y veamos cuáles serían respuestas correctas basándonos en la asertividad ante los desafíos que hemos tenido que afrontar en este día ficticio de trabajo.

Ejemplos de respuestas asertivas y no asertivas:

a) <u>A nuestro compañero que ha faltado por enfermedad:</u>

- Mensaje no asertivo: "Me parece que deberías haber dejado las cosas más organizadas antes de faltar. Hoy he tenido que asumir tus responsabilidades, así que espero que estés disponible para mí".

- Mensaje asertivo: "Lamento que estés enfermo. Ojalá te recuperes pronto. Hoy he tenido que asumir tus responsabilidades. Intentaré no preguntarte nada para no molestarte, aunque quizá sea inevitable".

b) Al cliente que se ha quejado porque el proyecto no ha sido lo que esperaba.

- Mensaje no asertivo: "Lamento que no le haya gustado nuestro proyecto, que creo que estaba muy bien. Nuestro equipo es muy profesional y sabe lo que hace".

- Mensaje asertivo: "Lamento que el proyecto no haya sido lo que esperaba. Le aseguro que lo hemos trabajado con el profesionalismo y la dedicación que nos caracteriza. De todas formas, trabajaremos para que el próximo proyecto esté a la altura de sus expectativas".

c) A un jefe que pretende que trabajemos más por menos dinero:

- Mensaje no asertivo: "No asumiré las responsabilidades de mi compañera a menos que se me aumente el sueldo"

- Mensaje asertivo: "Valoro que usted me haya considerado para realizar las actividades de la compañera que ha renunciado, porque significa que confía en mi profesionalismo. Quisiera saber si existe la posibilidad de que se me aumente el salario, ya que creo que una mayor carga laboral debería ir acompañada de un sueldo acorde".

Ventajas de una comunicación asertiva en el trabajo

- **Fomenta la claridad en los mensajes**. Ser asertivos permite que los mensajes sean lo más directo posibles, evitando malentendidos o confusiones.

- **Refuerza el compromiso**. Un trabajador que percibe a sus compañeros y a sus jefes como personas transparentes, abiertas y honestas es una persona que percibirá positivamente a la cultura organizacional del lugar en el que trabaja.

- **Ayuda a resolver conflictos**. Para evitar que un conflicto escale hasta volverse una situación tensa, es necesaria una instancia de comunicación asertiva entre las partes involucradas.

- **Aumenta la productividad**. Cuando las personas se comunican de manera efectiva, se pueden tomar decisiones rápidamente y los proyectos avanzan fácilmente.

- **Aumenta la confianza**. Al expresarnos abiertamente, nuestros colegas y directivos percibirán que somos personas honestas y transparentes.

- **Fomenta las relaciones interpersonales**. Ser honesto y transparente es vital para el trabajo, pero también logra generar otro tipo de vínculos en el trabajo, como amistad.

Cómo aprender a decir que "no" en el trabajo

Siempre es bueno ser abiertos ante nuevas posturas e ideas. Sin embargo, hay veces en las que simplemente tenemos que decir que no, ya sea a un compañero de trabajo, a un cliente o incluso a nuestros superiores. Decir "no" sin dar ninguna explicación probablemente no sea un recurso emocionalmente inteligente. En cambio, podemos hacer uso de unas cuantas técnicas, como las que veremos a continuación.

Técnica del disco rayado

¿A qué te suena "disco rayado"? Probablemente a una palabra o frase que se repite insistentemente, ¿no? Bueno, de eso se trata precisamente. Cuando alguien insiste en algo a lo que no podemos acceder, podemos negarnos posicionándonos claramente tantas veces como sea necesario. Esto, además, nos ayudará a trabajar la determinación y la asertividad.

Por ejemplo:

- Cliente: ¿Me hacen descuento aunque no sea socio de la marca?

- Empleado: **No, disculpe**. El descuento se hace únicamente a los socios. Pero puede rellenar un formulario y comenzar su membresía cuando quiera.

- Cliente: Pero vengo aquí muy seguido. ¿Aún así no me

hacen ningún descuento?

- Empleado: **No, disculpe**. Como le he dicho, es solo para miembros.

- Cliente: ¿Ni siquiera si compro más productos?

- Empleado: **No, disculpe**. Lo invito a llenar el formulario y aprovechar los descuentos de membresía.

- Cliente: Está bien.

Ten en cuenta que, además de la negación insistente, la técnica del disco rayado tiene que acompañarse de correcta gestualidad y corporalidad. Y, por supuesto, siempre tiene que partir desde el respeto y la cordialidad.

Técnica de la pregunta asertiva

Sí, volvemos al concepto de "asertividad". A veces, para decir que no y mantenernos en nuestros ideales, podemos recurrir a esta técnica, que consiste en asumir lo que se está recibiendo y preguntar qué maneras existen para resolverlo. Por ejemplo:

- Jefe: Necesito el informe terminado esta misma tarde.

- Empleado: No creo que sea posible, porque tengo que reunirme con tres clientes en el transcurso del día. **¿Podemos pensar en formas para solucionarlo?**

- Jefe: Puedes postergar las reuniones para mañana.

- Empleado: De acuerdo.

Técnica del banco de niebla

También conocida como "técnica del *no* parcial", esta estrategia consiste en reconocer una parte de los argumentos de la otra parte sin renunciar a la esencia de los propios. Rechazar directamente las opiniones de los demás podría provocar situaciones incómodas y una escalada en el conflicto. En cambio, la técnica del banco de niebla sirve para gestionar el conflicto gracias a pequeñas distracciones o "frases comodín" que promueven la serenidad.

Por ejemplo:

- Empleado 1: Creo que instalar un *software* nuevo de gestión del talento no es una prioridad. El que tenemos ya funciona muy bien, y ahora tendremos que aprender a manejar todo de nuevo.

- Empleado 2: **Comparto plenamente tu punto de vista: el sistema actual ya es muy bueno.** Sin embargo, podemos darle una oportunidad al nuevo. A lo mejor tiene herramientas de automatización de datos, lo que aumentaría la eficiencia del departamento.

La importancia de las habilidades blandas en el trabajo

Las habilidades blandas, también llamadas por su nombre en inglés, *soft skills*, son rasgos de personalidad y habilidades de comunicación socioemocionales que nos permiten interactuar efectivamente con colegas, jefes y clientes en el trabajo. Se diferencian de las habilidades duras, que son las relacionadas con aspectos técnicos (por ejemplo, saber inglés o conocer cómo usar un programa específico). Las habilidades blandas son indispensables para incrementar la productividad de la empresa para la que trabajamos, pero además nos sirven para tener perfiles profesionales más completos y, por ende, más valorados por los empleadores.

Algunas de las habilidades blandas más importantes y buscadas en los trabajos son:

- **Escucha activa**. Una escucha activa implica demostrarle a nuestro interlocutor que tenemos interés por lo que está diciendo. Para eso, es importante prestar toda nuestra atención a su mensaje. Además, podemos reforzarlo con gestualidad (por ejemplo, asentir con la cabeza o mirar a los ojos).

- **Liderazgo**. El liderazgo consiste, básicamente, en que el grupo de trabajo del que estamos a cargo logre trabajar de forma entusiasta hacia el logro de las metas y objetivos. De todas formas, ahondaré mucho más en el liderazgo y te enseñaré las herramientas para que seas un buen o una buena líder en el próximo capítulo.

- **Gestión del tiempo y planificación**. La gestión del tiempo consiste en planificar de forma consciente los tiempos dedicados a actividades y tareas concretas. Esto permitirá aumentar la productividad y la eficacia.

- **Trabajo en equipo**. El trabajo en equipo es, básicamente, un grupo de personas que están comprometidas para lograr un mismo propósito. Trabajar en equipo correctamente fomenta un sentido de lealtad, seguridad y autoestima.

- **Negociación**. La negociación es muy importante en el trabajo: hay que saber cuándo podemos decir que sí, cuándo debemos decir que no y cuándo podemos llegar a un acuerdo que te convenga tanto a ti como a la otra parte. Algunas de las habilidades que se requieren para negociar son la flexibilidad, la empatía y la comprensión.

- **Creatividad e innovación**. La creatividad es de los aspectos más valorados por las empresas actualmente. Todas las compañías quieren ofrecer un diferencial con respecto a sus competidores, y por ello buscan personas que "piensen fuera de la caja"; es decir, desde una perspectiva novedosa.

- **Orientación a resultados**. Los reclutadores valoran a las personas que realizan sus tareas pensando siempre en que los resultados serán exitosos. En cambio, un trabajador que simplemente realiza sus tareas correctamente pero no se orienta a alcanzar la excelencia será menos valorado.

Puntos clave del capítulo 4

Si has llegado hasta aquí, ¡felicitaciones! Has aprendido un montón de valiosos conceptos que te servirán para ser emocionalmente inteligente en tu rutina laboral. A continuación, vamos a ver cuáles son los puntos más importantes del capítulo.

- En todos los trabajos hay días buenos y días malos. Lo importante es aprender a afrontar los problemas y las crisis laborales para evitar que se conviertan en situaciones estresantes y angustiantes, y que de esa forma se afecte la vida personal.

- El autocontrol es una de las claves para afrontar las crisis en el trabajo. Autocontrolarse no significa reprimir las emociones y los sentimientos, sino procesarlos, reflexionar en torno a ellos y actuar de forma consciente.

- La comunicación asertiva es indispensable en un entorno laboral. Consiste en comunicar las cosas de forma efectiva y clara, pero desde la empatía, el respeto y el profesionalismo.

- La comunicación asertiva tiene muchas ventajas:

  o Fomenta la claridad en los mensajes

  o Refuerza el compromiso

  o Ayuda a resolver conflictos

  o Aumenta la productividad

  o Aumenta la confianza

  o Fomenta las relaciones interpersonales

- Tenemos que aprender a decir "no" en el trabajo. Para eso, podemos hacer uso de unas cuantas técnicas.

  o La técnica del disco rayado consiste en repetir insistentemente nuestra negativa (por supuesto, partiendo desde el respeto y la cordialidad).

  o La técnica de la pregunta asertiva consiste en asumir lo que se recibe y preguntar de qué manera se puede resolver.

  o La técnica del banco de niebla consiste en una serie de "frases comodín" que promueven la serenidad y previenen un conflicto.

- En el trabajo es importante aprender a desarrollar habilidades blandas: rasgos de personalidad y competencias relacionadas con la comunicación y las emociones que nos permiten interactuar mejor con colegas, jefes y clientes. Algunas de las habilidades blandas o *soft skills* que más se demandan son:

o   Escucha activa

o   Liderazgo

o   Gestión del tiempo y planificación

o   Trabajo en equipo

o   Negociación

o   Creatividad e innovación

o   Orientación a resultados

El próximo capítulo tiene *mucho* que ver con este. En las próximas páginas, aprenderás una serie de técnicas de liderazgo que te permitirán dirigir equipos y fomentar la motivación en tu trabajo.

Capítulo 5

Cómo ser un buen líder

Alejandro Magno, Cleopatra, Napoleón, Abraham Lincoln...

Seguramente hayas escuchado nombrar a estos personajes destacados de la historia de la humanidad que se caracterizan por haber sido grandes líderes. Obviamente, nuestro objetivo en este libro no será replicar la excepcionalidad de estas personalidades del pasado; pero sí nos concentraremos en **las cualidades que tiene que tener un buen líder para destacarse** y en **cómo lograr ejercer un liderazgo exitoso.**

El mundo de hoy, que se renueva a cada momento, demanda personas con cualidades acordes a las circunstancias, que sean capaces de encabezar grupos y de conducirlos con eficiencia hacia nuevos horizontes. El liderazgo ya no es solo fundamental en el campo de batalla. Hoy en día, es una herramienta necesaria en muchos ámbitos de nuestra vida cotidiana; principalmente, a nivel laboral y profesional.

En relación con esto, en este capítulo aprenderemos:

- En qué consiste la capacidad de liderazgo

- Por qué ser un líder eficiente no es lo mismo que ser un jefe

- Los pasos a seguir para destacarte como líder en el ámbito laboral

¿Qué es el liderazgo?

Muchas personas consideran que el liderazgo es la acción de conducir a otros hacia ciertos objetivos y hacerlos responder a demandas específicas.

Sin embargo, esa perspectiva sobre el liderazgo, que lo define como una fuerza que va en una única dirección —de arriba hacia abajo—, ha quedado obsoleta. El empresario y orador motivacional estadounidense **Brian Tracy** destaca en su libro *Liderazgo* que, en la actualidad, a la hora de considerar que alguien posee aptitudes para el liderazgo, ya no nos basamos en una imagen exclusivamente asociada a una buena posición económica o al éxito.

Lo que hoy consideramos liderazgo propiamente dicho, es decir, un liderazgo que perdura en el tiempo, es aquel en el que la gente decide voluntariamente seguir la dirección, vía y visión de otra persona. Según el especialista, entonces, **el liderazgo es una cualidad que se define por la "forma voluntaria de**

seguimiento". De este modo, vemos que se trata de una capacidad que, para desarrollarse de forma duradera, depende no solo de la autoridad que el líder ejerce sobre los demás sino también de la respuesta voluntaria de ese grupo frente a la propuesta y visión del líder.

Podemos querer ser buenos líderes en múltiples ámbitos de nuestra vida. Por ejemplo, en nuestro hogar, en nuestro grupo social, o bien liderar de forma efectiva un grupo de trabajo. La evidencia dice que es en este último contexto donde las personas muestran un mayor interés por obtener herramientas que los ayuden a consolidarse como líderes. Además, es sabido que la habilidad para ejercer un liderazgo exitoso en nuestro trabajo trae como consecuencia un aumento de nuestra capacidad para liderar cualquier tipo de grupo, también en áreas como la familia o nuestro entorno social. Da por hecho que, si debes asumir el rol de líder en un grupo laboral, hacerlo de manera efectiva tendrá **consecuencias positivas** para tu vida en general.

A lo largo del capítulo 4, ya te has encontrado con elementos claves para desenvolverte con inteligencia emocional en el trabajo. Has aprendido a afrontar las tensiones, a comunicarte de manera asertiva, a poner límites conservando la calma y a relacionarte con tus compañeros a partir de la empatía. Además, has sabido reconocer la importancia de fortalecer tus habilidades blandas (aquellas que tienen que ver con tu personalidad) para fomentar un buen ambiente de trabajo. Por supuesto: todo eso puede ser tenido en cuenta a la hora de ejercer el liderazgo laboral.

Imagínate que llegas a un lugar de trabajo nuevo. Por tu carrera, experiencia y aptitudes profesionales, has ingresado a la empresa en un puesto jerárquico. Ignorar lo que implica ese puesto de mando no es una opción viable, ya que eso significaría no asumir el grado de responsabilidad que te corresponde. Debes presentarte ante el grupo que deberá seguir tus directivas pero no sabes cómo hacerlo y temes que no te respeten o que, por lo reciente de tu llegada, encuentres mucha resistencia.

Entonces, para afrontar la situación con inteligencia emocional, puedes poner en práctica estas recomendaciones:

- **¡No tengas miedo de asumir el liderazgo!** Para estar a la altura del cargo que has obtenido, ejercer el liderazgo será parte de tus obligaciones. Sin embargo, puede que esto te resulte difícil en un primer momento. Es común que, en un grupo ya consolidado, la aparición de una persona nueva, que viene de afuera, produzca cierto temor o desconfianza. Que esto no te desanime ni te haga perder la autoconfianza que necesitas para ser un buen líder.

- **Apunta a construir un liderazgo duradero.** En un caso como este, no estás ante una situación transitoria por la que debas pasar tan solo durante algunas horas. Por eso, es fundamental que recuerdes que la habilidad del liderazgo implica una relación recíproca. Es fundamental la voluntad de seguir las directivas por parte del grupo que tienes a cargo.

- **Conoce a las personas que tendrás a tu cargo.** Pronto veremos de forma más detallada los pasos a seguir para ser un buen líder, pero, en principio, puedo sugerirte organizar una reunión donde no solo te presentes tú como nueva cabeza del grupo, sino donde le des un espacio a cada miembro para que lo haga. Ese primer encuentro puede ser un desayuno o almuerzo que propicie un ambiente descontracturado e informal. Cuidado: no estamos hablando de hacer una salida social con tu nuevo grupo de trabajo, pero sí pueden sentarse alrededor de una mesa redonda o en círculo para charlar. De esta manera, generarás un clima de comodidad.

- **Cuida tus gestos y tu lenguaje corporal desde el comienzo.** Intenta elegir un tono de voz mesurado, no gritar para imponerte ni quedarte en silencio. También te sugiero que, en tu presentación, utilices colores claros en la vestimenta. Aunque te parezca extraño, esto ha demostrado ser efectivo para construir una imagen de persona luminosa y agradable. Por otro lado, sonreír cada cierto tiempo durante la reunión puede ser otro gesto útil para generar confianza y mostrarte como una persona empática.

- **No olvides comunicar al grupo qué es lo que te motiva.** Para los demás, puede ser significativo saber que su líder tiene interés y motivación concreta para trabajar con ellos, es fundamental que no sientan que tu presencia allí da lo mismo.

- **Deja en claro cuáles son tus principales objetivos**. Esto será importante para generar expectativas positivas en tu grupo de trabajo. Es sabido que las personas trabajan de modo más eficiente cuando saben hacia qué horizonte orientar sus tareas. Recuerda, además, que como líder debes tener esto en claro ya que el liderazgo implica, inevitablemente, una **organización jerárquica** de los roles, no se trata simplemente de relaciones entre compañeros.

¿Cuál es la diferencia entre un jefe y un líder?

En el ejemplo que acabo de mencionar, nos imaginamos tu llegada a un nuevo puesto laboral jerárquico que te obliga a ejercer el liderazgo frente a un grupo de personas que no conoces. En este punto, es clave señalar que, al asumir dicho rol, corres el riesgo de caer en la ya obsoleta figura del "jefe", y eso es algo que queremos evitar. ¿Es lo mismo ser un líder que ser meramente un jefe? No, claro que no. Ser un líder es mucho más.

Veamos qué diferencias implica la figura del líder respecto de la del jefe:

- En primer lugar, el jefe, que ocupa un lugar de poder, puede ser autoritario imponer su voluntad de manera arbitraria y desproporcionada, mientras que **el líder**

busca siempre establecer una comunicación fluida y no pierde de vista que lo que lo consolida en su posición es la aprobación y la confianza de los demás.

- El jefe, pese a ocupar un puesto de poder, puede tener un rol totalmente pasivo y no hacerse cargo de las tareas que debe encabezar. El líder, en cambio, siempre **se involucra** en los equipos de trabajo. De hecho, podemos encontrar personas que ejercen el liderazgo en un grupo laboral sin tener asignado formalmente un puesto jerárquico.

- El jefe habla, mientras que el líder practica la **escucha activa**. Ya has visto, en el capítulo 4, la importancia de mostrar interés a lo que dicen los demás en tu ámbito laboral. Esta habilidad caracteriza a un buen líder.

- El jefe da órdenes, mientras que **el líder delega y empodera a los demás** porque sabe cuáles son sus aptitudes. Un líder debe ocuparse de incentivar a los miembros de su equipo, por eso siempre apuntará a que cada uno cumpla un rol activo en los proyectos a realizar.

- El jefe busca culpables, **el líder aprende del error**. Ante un problema como podría ser, por ejemplo, en una empresa, que una campaña publicitaria no influya en las ventas de un producto de la manera esperada, el jefe buscará responsabilizar a miembros particulares del equipo de marketing, mientras que un líder se sentará a dialogar, a evaluar el modo en que la campaña se ejecutó para descubrir dónde estuvo el error, y lo registrará junto a los miembros del equipo para que no se repita.

Puede servirte visualizar estas diferencias, a modo de síntesis, en el siguiente cuadro:

Jefe	Líder
Autoritario	Comunicativo
Pasivo	Empático
Habla	Practica la escucha activa
Da órdenes	Delega y motiva
Busca culpables	Aprende del error

Ahora que ya has comparado, **¿qué prefieres ser: jefe o líder?**

7 pasos para ser un buen líder

El empresario austríaco y maestro de la administración empresarial, Peter Drucker, dijo en su célebre libro *El líder del futuro*, que un buen líder es aquel capaz de ver y aprovechar las oportunidades. La **valentía** es una cualidad fundamental. En los momentos difíciles, lo central no es concentrarse en el problema sino en las puertas que se abren hacia el futuro. Con esto en mente, te brindaré **siete pasos** para que orientes tus acciones hacia el ejercicio de un liderazgo positivo:

1. **Establece tus objetivos.** Tener claras las grandes metas de tu negocio, empresa o proyecto te ayudará a visualizar dónde quieres estar en el futuro, el lugar al que quieres llegar y hacia el que debes conducir a tu equipo.

2. **Escríbelos.** Llevar un registro escrito de aquello que quieres lograr le dará materialidad al futuro, hará que exista algo para volver a mirar cada vez que necesites recordarte a ti mismo o a tu grupo de trabajo qué es lo que los motiva.

3. **Establece fechas.** Poner una fecha límite para la realización del objetivo optimizará los tiempos de ejecución de cada una de las tareas y dará orden a tu equipo de trabajo. Algo útil puede ser añadir fechas límite para cada una de las tareas más inmediatas que deban cumplirse en vistas al gran objetivo.

4. **Haz una lista de tareas**. Enumerar las tareas que hay que llevar a cabo para lograr el objetivo es fundamental porque te permitirá, además, asignar roles específicos a los miembros de tu equipo.

5. **Elabora un plan**. Toma la lista de tareas y ordénala en prioridades. Ten en cuenta qué es lo que debe llevarse a cabo

de forma más inmediata y evalúa qué pasos no puedes dejar de lado para poder avanzar hacia el siguiente nivel. Además, esto te ayudará a definir quiénes son los miembros de tu equipo mejor capacitados para cada tarea. Algo importante que te recomiendo considerar en este plan de acción es qué obstáculos podrías encontrarte en el camino, y las posibles soluciones que puedes tener pensadas de antemano para cada uno.

6. **Ponte en acción cuanto antes.** Una vez que tienes los objetivos generales, los plazos, las tareas a realizar y el rol que cada persona debe cumplir, ¡no esperes! Debes ponerte en marcha. Un buen líder nunca pospone trabajar para lograr sus objetivos.

7. **Haz algo cada día.** Cada mañana, registra cuáles serán tus tareas del día para contribuir en tu plan de acción y no dejar de avanzar.

Puntos clave del capítulo 5

Has llegado al final del capítulo. Sin dudas, has ganado herramientas para orientarte hacia la construcción de un liderazgo positivo que te permita coordinar equipos de forma más eficiente y productiva. Revisemos los puntos más importantes del capítulo:

● El liderazgo es una **habilidad que se define por la**

voluntad de seguimiento de aquellas personas a las que debes liderar. No se trata de un mero ejercicio del poder.

- Para ser un buen líder es importante **fortalecer tus habilidades blandas.** Solo así podrás **diferenciarte de la figura del jefe** (autoritario, que culpa a otros, y que no escucha). El líder es una figura que establece una comunicación fluida con los demás, que se muestra empático y que delega tareas concretas a los miembros de su equipo.

- El líder siempre evalúa los errores para aprender de ellos y tiene visión del futuro. Todo buen líder es **valiente**, toma riesgos pensando en las oportunidades y en lo que vendrá.

- Puedes seguir **siete pasos** para convertirte en un buen líder. Estos son: establecer objetivos claros; escribirlos; poner fechas límite para alcanzar estos objetivos (y para cada tarea a realizar); hacer una lista de las tareas necesarias para lograr los objetivos; elaborar un plan de acción donde se organicen esas tareas prioritariamente y se asignen a quien resulte más idóneo en cada caso; ponerse en acción ya mismo; avanzar algo cada día.

CAPÍTULO 6

Claves para enfrentar un momento difícil

"Usa el dolor como una piedra en tu camino, no como una zona para acampar"

- Alan Cohen

A lo largo de nuestra vida, todos tenemos que afrontar situaciones difíciles en algún momento. Para muchas personas, enfrentar un problema puede resultar complicado hasta el punto de no poder mantener la calma y de sentirse absolutamente en crisis. Sin embargo, tú, que has llegado hasta el escalón número seis de este libro, ya cuentas con muchas herramientas para atravesar situaciones problemáticas. El objetivo de este capítulo es que utilices tus habilidades para enfrentar y superar momentos difíciles con equilibrio y calma. Para eso, trabajaremos en:

- Qué nos pasa cuando recibimos una noticia difícil

- Técnicas para reaccionar con inteligencia emocional ante las dificultades

- Cómo recuperarnos de una adversidad

Lo primero será identificar y definir a qué tipo de conflicto debes enfrentarte. ¿Es algo urgente? ¿Es necesario dejar de lado otras cosas para ocuparte del asunto? Estas preguntas te ayudarán a saber **qué grado de importancia debes otorgarle a la situación problemática en este momento.** Múltiples estudios muestran que es muy común interpretar los problemas como situaciones de extrema urgencia ante las cuales todo lo demás debe pasar a un segundo plano. Identificar el grado de urgencia e inmediatez del problema nos ayudará a afrontarlo.

En general, **es común que nuestras emociones se desborden** cuando aparece un conflicto. Pueden aparecer sentimientos intensos como estrés, enojo, tristeza, frustración, miedo, entre otros. Esto es normal ante una noticia desagradable, por lo que **no debemos reprimir estas emociones, sino más bien aprender a reconocerlas y a comprenderlas sin juzgarlas.** Juzgar nuestras emociones de manera impulsiva puede llevarnos al estancamiento. Lo importante es impedir que las emociones bloqueen tu capacidad para procesar la información.

Una situación difícil podría ser enterarte de que tienes una enfermedad. ¿Qué harías al recibir esta noticia? Es probable que primero sientas angustia, preocupación extrema e, incluso, desesperación. Pero lo importante es que intentes **mantener la calma.** Solo así podrás **procesar la noticia racionalmente.** Primero, recuerda acudir a profesionales idóneos que puedan brindarte toda información necesaria sobre tu enfermedad. Es fundamental que, en este tipo de situaciones, nuestras fuentes sean confiables. Luego, puedes **evaluar las opciones concretas** que tienes a disposición para lidiar con la enfermedad: tratamientos, cambiar tus hábitos de alimentación, etcétera. Además, es importante que consideres **de qué forma esta noticia afecta tu vida cotidiana.** Muchas veces, la preocupación nos impide evaluar el alcance real de una situación desafortunada en nuestro día a día. Quizás debas tomarte una pausa de tus actividades (que seguramente será transitoria) o tal vez puedas seguir normalmente con tu rutina.

Los estabilizadores emocionales para afrontar momentos difíciles

Sabemos que, ante cada situación de la vida, no existen perspectivas únicas. Los conflictos pueden ser evaluados y recibidos desde distintos puntos de vista. Como lo observó Albert Ellis, padre de la terapia racional emotiva, en su libro *Razón y emoción en psicoterapia* (1980) **"no son los acontecimientos los que provocan el comportamiento sino las creencias que sobre ellos tenemos".** Cambiar la perspectiva sobre aquello que te pasa puede servirte para impulsar tus emociones positivas y para buscar una solución a los problemas. Una herramienta fundamental para esto son los **estabilizadores emocionales.**

¿Qué son los estabilizadores emocionales? Son elementos de tu entorno que **te permitirán encontrar la calma necesaria**

para buscar una solución ante las dificultades. Funcionan como ese pequeño empujón para superar tu primera impresión negativa sobre las cosas. Veamos cuáles son::

1. **Familia.** Aunque muchas personas lo consideren una obviedad, mantener cerca a tu familia puede ser de gran ayuda ante una situación difícil. Está comprobado que resolver problemas es más complicado para aquellos individuos que no cuentan con un grupo familiar o para quienes viven lejos de su familia. Por eso, es bueno que te asegures un vínculo cercano y positivo con tu familia.

2. **Círculo de amigos.** Otro grupo importante para poder afrontar los problemas son tus amigos, esos que están en los buenos y en los malos momentos. Muchas veces, por intentar cultivar otros ámbitos de nuestra vida como nuestra profesión o nuestra pareja, dejamos de lado las amistades. Sin embargo, tu círculo de amigos es fundamental, por ejemplo, para hablar sobre lo que sientes ante una situación difícil. Pueden ayudarte a avanzar en busca de una solución.

3. **Propósito.** Tiene que ver con encontrar actividades significativas en tu vida. Es clave que aquello que hagas te permita sentir que aportas algo bueno, que tus acciones están dirigidas a mejorar las cosas. Por ejemplo, tu trabajo o tu vida profesional pueden constituir este tipo de estabilizador emocional. Hallar una meta positiva y no perderla de vista te ayudará a fortalecer tu automotivación.

4. **Espiritualidad.** Este punto está vinculado con aquello que te conecta contigo y con tu alrededor más allá del cuerpo. No es necesario que tu espiritualidad esté exclusivamente asociada a la religión o a la fe, sino que se trata de ampliar tu horizonte de perspectivas, de practicar una autoconciencia que te ayude a relacionarte con el mundo más allá de lo físico y de lo material. Cada persona es distinta y puede encontrar en su interior la parte espiritual que le sirva para desbloquearse ante los problemas y para tomarlos con mayor tranquilidad.

Consejos para afrontar una situación difícil

Cuando se nos presenta una situación difícil, además de recurrir a los estabilizadores emocionales, puedes tener en cuenta los consejos que te dejaré a continuación. Algo fundamental es que tengas siempre presente que fortalecer la inteligencia emocional lleva tiempo. Cada persona tiene el suyo, y será parte de tu proceso descubrir tus propios ritmos.

Primero, te recomiendo **razonar con las emociones**. Esto, en principio, puede parecer contradictorio. Sin embargo, recurrir a las emociones para pensar te ayudará a **ordenar la situación**, a entender las jerarquías de aquello que debes resolver y a diferenciar qué es lo verdaderamente importante. Muchas veces, nuestras emociones se intensifican ante la aparición de un problema, y debemos mantener la calma sin juzgar aquello que nos pasa para poder distinguir qué es lo que ocurre realmente. Identificar tus emociones hará que tu reacción ante la dificultad sea lo más tranquila posible. La mejor respuesta frente a los problemas surgirá del **equilibrio** entre tu pensamiento y tus sensaciones.

También es importante que **comprendas tus emociones**. Te recomiendo que elabores una lista de las emociones que aparecen, desde la primera hasta la última. La **escritura** es una técnica efectiva para visualizar cómo nos sentimos en el momento presente. Además, si la dificultad involucra a terceros, puedes ampliar la lista y registrar también cuáles crees que son las emociones de las otras personas. Esto te ayudará a fortalecer la **empatía**. Recuerda que **no tiene ningún sentido responsabilizar a los demás** por el problema que debes enfrentar. Culpar a otros puede generar frustración, y eso es algo que queremos evitar.

El próximo paso es **gestionar tus emociones**. Nos referimos a la habilidad de controlar lo emocional para no caer en reacciones desmesuradas que bloqueen tu entendimiento. Esta habilidad está vinculada con la **autorregulación**, una de las partes fundamentales de la inteligencia emocional. Recuerda que esto no implica negar e ignorar aquello que te pasa, sino reconocer tus sentimientos, entenderlos y mantenerlos dentro de ciertos parámetros manejables. Es un desafío, pero si has llegado hasta este capítulo es porque ya cuentas con información para fortalecer tu inteligencia emocional y serás capaz de autoregularte. Además, la autorregulación te da **capacidad para adaptarte a distintas situaciones problemáticas,** por lo que también te volverás emocionalmente más **flexible.**

Otro consejo útil es visualizar la dificultad no como un casillero donde debes quedarte indefinidamente, sino como **un obstáculo transitorio** que podrás superar. Piensa que cuando vas caminando por un sendero y encuentras un tronco que te impide avanzar, simplemente lo saltas o buscas una vía alternativa para seguir, sin detenerte a examinar el tronco. Del mismo modo debes conducirte con los problemas.

Al recibir una noticia desagradable, podemos vernos abrumados por la incertidumbre de un futuro que imaginamos completamente negativo. Esta anticipación negativa produce estrés. Por ende, **te aconsejo que te concentres en el presente, sin tratar de anticipar lo que vendrá.** Puedes hacerte preguntas que orienten tus pensamientos hacia el aquí y ahora. Por ejemplo: ¿Cómo me siento al recibir esta noticia? ¿Qué puedo hacer para calmarme? ¿Hay alguien con quien pueda hablar de este problema? ¿Con qué estabilizadores emocionales cuento en este momento? Además de formular estas preguntas, si aparecen síntomas de ansiedad puedes calmarlos mediante la respiración consciente.

Por otra parte, es fundamental **darle al problema la importancia que merece y no más que eso.** Primero, evalúa si tiene solución. Si eres capaz de pensar al menos una solución inmediata es porque la dificultad es efímera y no vale la pena que orientes toda tu energía emocional hacia ella. Muchas veces, algo inesperado nos aqueja y pensamos que no seremos capaces de afrontarlo. Como ya sabes, **la automotivación es fundamental en este proceso**, sobre todo para no anticiparse. Fomentar la creencia de que sucederá lo peor y de que no podrás encontrar la solución solo produce frustración.

Otro recurso es **hablar del problema con una o varias personas de tu entorno cercano**. Inclusive, si te animas, puede ser alguien cuya opinión respetes aunque no tengas un vínculo tan estrecho. A veces, la visión de otro sobre aquello que nos parece grave puede ayudarnos a aliviar las emociones.

Otro ejercicio efectivo puede ser visualizarte como apoyo emocional de otra persona. **¿Qué pasaría si alguien recurriera a ti para contarte un problema o para hablar de una mala noticia que acaba de recibir?** ¿Qué le dirías? Al hacer esto verás que puedes encontrar palabras positivas y que no eres tan estricto como cuando juzgas tus propias emociones. Así, podrás avanzar en tu camino de autoconfianza.

Por ejemplo, puede que tengas que atravesar una situación de **duelo**. Recibir la noticia de la pérdida de un ser querido es de los obstáculos más difíciles para una persona. Si muere un familiar cercano, te recomiendo:

- **Revisar tus estabilizadores emocionales**. Te recomiendo ordenarlos en una **lista de prioridades** para saber a cuál de ellos recurrir en primer lugar. Muchas veces, al recibir una noticia dolorosa, nos cuesta reconocer que necesitamos el apoyo de otras personas. **Compartir la noticia** con tu familia o con tu círculo de amigos puede ser una buena herramienta para saber que no estás solo y que las palabras de otros pueden serte de gran ayuda. Recuerda que nadie está preparado para la pérdida de un ser querido y que es normal recurrir a nuestros estabilizadores emocionales. También, de ser necesario, puedes buscar ayuda de un profesional de la salud.

- **Respetar tus tiempos para no sentirte presionado.** El duelo es un proceso que no se supera de un momento a otro, es un camino que harás **día por día.** Después de unas semanas del funeral de la persona allegada, puede pasar que tus amigos, con las mejores intenciones, te inviten a una fiesta o te propongan un plan para distraerte. **Si sientes que todavía no estás de ánimo, no dudes en comunicarlo con claridad.** Puedes decir, por ejemplo: "Gracias, pero aún no me siento preparado, quizás dentro de algunas semanas". O bien: "En este momento prefiero otra cosa como hablar por teléfono o que vengan a mi casa a tomar un café". No temas expresar esos límites: tus seres queridos comprenderán tu situación y sabrán acompañarte de la forma en que tú lo sientas más **cómodo.**

- **Registrar la intensidad de tus emociones.** Puedes **elaborar una escala** del 1 al 10 e ir señalando cuán angustiado te sientes cada día, desde la recepción de la noticia. Esto puede serte útil para reconocer que no sentirás el mismo grado de tristeza todo el tiempo y que lo importante es el registro día por día. Verás que las emociones no son igual de intensas todos los días, probablemente la angustia irá disminuyendo. Ahora bien: no te desesperes si no ocurre al ritmo que te imaginabas. **No puedes anticipar el tiempo exacto** que te llevará procesar esto, lo cual es absolutamente normal. Lo que sí debes tener presente es que se trata de una **situación transitoria** por la que muchas personas han pasado antes. **Si otros han podido superarlo, tú no serás la excepción.**

- **Enumerar actividades placenteras** que te conectan con el presente y que te producen alivio (puede ser una clase de yoga, darte un baño relajante, escuchar música, comer algo que te guste…). **Conectarte con tus sentidos** puede serte útil para conservar la calma. Puedes **anotar en tu agenda una actividad placentera por día, para hacerla si te sientes en condiciones, sin tomarlo como una obligación.**

- **Registrar por escrito los buenos momentos vividos** con tu ser querido. Si bien puede que, en principio, esto te parezca difícil, recuerda que **nuestras emociones se producen y sostienen en base a la experiencia. Visualizar las situaciones agradables** que has vivido con la persona puede ayudarte a fortalecer emociones positivas.

¿Qué es la resiliencia y cómo puedes aplicarla a tu vida?

La resiliencia es **la habilidad que tenemos todos los seres humanos para superar situaciones traumáticas y seguir adelante con nuestra vida**. Según el psicólogo canadiense Donald Meichenbaum, las personas resilientes se caracterizan por ser **positivas, proactivas y flexibles**. Recurrimos a la resiliencia para enfrentar momentos difíciles y superarlos. Para saber cómo aplicar esta habilidad protectora, puedes considerar los siguientes pasos:

1. **Identifica y deja atrás viejos esquemas.** Cuando algo negativo nos ocurre, nuestro cerebro lo registra y guarda la experiencia como información. Por eso, ante un nuevo problema debemos evaluar si nuestra reacción no responde, en realidad, a esa vieja experiencia que dejó marcas y que ha vuelto a activarse. Es fundamental identificar viejos esquemas para que no se conviertan en creencias limitantes.

2. **Evalúa las posibilidades.** Es útil que consideres cuál sería el mejor y cuál sería el peor escenario posible. La primera opción te ayudará a visualizar el futuro de forma positiva, mientras que la segunda te impulsará a considerar soluciones

y a sentirte más preparado.

3. **Protege y mantén tu vida normal.** La adversidad puede resultar enceguecedora. Dejar de lado todos los aspectos de nuestra vida por la aparición de un problema no fortalecerá tu inteligencia emocional. La idea es que fomentes el equilibrio y, para eso, es importante que, dentro de lo posible, no dejes de hacer las actividades de tu vida diaria, no alteres tu rutina ni tus horarios. Mantenerte organizado te resultará útil para enfrentar las dificultades con calma.

4. **Busca apoyo y alivio.** Recurre a aquellas personas, actividades u objetos que te producen bienestar. Puede ser desde una charla con un amigo hasta un baño relajante.

5. **Acepta y suelta.** Reconoce que no siempre puedes modificar la realidad. Concéntrate en lo que sí puedes hacer para conservar la calma y para hallar una solución a tus problemas. Acepta que algunas cosas no dependen de ti y déjalas ir.

Puntos clave del capítulo 6

¡Has logrado llegar hasta el penúltimo capítulo! Solo te queda el último escalón, donde verás cómo lograr la motivación en tu vida y también cómo mantenerla. Aquí hemos aprendido cómo afrontar los problemas, con qué recursos contamos cuando debemos recibir una noticia difícil. Hemos desarrollado conceptos que te resultarán útiles y recomendaciones que podrás poner en práctica la próxima vez que la vida te ponga enfrente una situación difícil. Repasemos los puntos principales:

- Cuando recibimos una noticia desagradable, es común que aparezcan emociones intensas que nos hagan sentir desbordados. Para mantener la calma es clave identificar qué tipo de problema enfrentamos y cuánto lugar darle en nuestro presente.

- Existen estabilizadores emocionales a los que podemos recurrir para ampliar nuestra perspectiva sobre las dificultades y sentirnos tranquilos para buscar soluciones. Estos son: la familia, nuestro círculo de amigos, tener un propósito en la vida (hacer actividades con las que sintamos que mejoramos las cosas) y nuestra espiritualidad.

- Lo importante cuando aparece un conflicto es razonar desde las emociones, reconocer qué sentimos y gestionar nuestros sentimientos para no caer en la ira ni echar la culpa a otros. También es importante no reprimir ni juzgar lo que sentimos sino fomentar la automotivación para no estancarnos frente a una mala noticia.

- Cuando tenemos que atravesar un momento difícil como puede ser un duelo, es fundamental revisar nuestros estabilizadores emocionales, respetar nuestros tiempos y registrar nuestros avances día por día. Además, puede ser útil realizar actividades placenteras si nos sentimos en condiciones.

- La resiliencia es una habilidad fundamental que todos tenemos y que nos ayuda a superar los problemas. Para poder aplicarla es necesario: dejar atrás viejos esquemas de comportamiento y creencias que puedan haber quedado "archivados" en nuestro cerebro; imaginar el mejor y el peor escenario para sentirnos más preparados para el futuro; mantener la rutina y la vida normal para fomentar el equilibrio; buscar apoyo en aquellas personas o actividades que nos hacen sentir bien; aceptar que hay aspectos de la realidad que no podemos modificar y que, por eso, hay que dejarlos ir cuando el cambio no depende de nosotros.

CAPÍTULO 7

¡Motívate!

"Piensa, sueña, cree y atrévete".
- **Walt Disney**

¡Te felicito!

Llegaste al capítulo 7 de este libro o, lo que es lo mismo, el séptimo paso de este camino para ser emocionalmente inteligente. Y en este último tramo, quiero hablar sobre la autodisciplina y la motivación: cualidades clave para alcanzar todo lo que te propongas. **La autodisciplina y la motivación nos permiten no perder el enfoque ni la autodeterminación y alcanzar nuestras metas.** En este capítulo vamos a ver:

- La autodisciplina: qué es y por qué es tan importante

- La motivación intrínseca y la motivación extrínseca

- 7 técnicas para mantener la motivación y la autodisciplina

La autodisciplina

La autodisciplina es una capacidad que nos imponemos a nosotros mismos, y que tiene que ver con comprometernos con nuestros planes y proyectos. La autodisciplina es necesaria para alcanzar nuestros objetivos; de lo contrario, los abandonaremos a mitad del camino.

Por lo general, necesitaremos la autodisciplina para llegar a una meta determinada cuando el camino sea algo dificultoso, o cuando cumplir esos objetivos dependa exclusivamente de nosotros.

Pongamos un ejemplo de lo más común: el deporte. Hay gente a la que le encanta hacer ejercicio. Personas que se sienten realmente bien cuando están corriendo o levantando pesas; personas que verdaderamente disfrutan el proceso. Sin embargo, a muchas otras personas les cuesta bastante más trabajo hacer actividad física. Claro, el hecho de que te dé pereza levantarte por la mañana e ir a correr no significa que ignores los beneficios del ejercicio. Sin embargo, por alguna razón, a muchas personas sencillamente les cuesta más que a otras.

En esos casos, **es necesario ser autodisciplinados**. Para lograr lo que te propones, debes visualizar cuál es tu objetivo final (perder peso, ser menos sedentario o reducir el estrés y la ansiedad, por ejemplo). Visualizarnos a nosotros mismos cumpliendo ese objetivo funcionará como *una parte* del motor que necesitamos para seguir en esa dirección.

Sí, *una parte*. Efectivamente, **esa visualización no lo es todo**. A menudo, podemos frustrarnos al ver que no obtenemos los resultados esperados. Por ello es importante **enfocarse en el proceso** y practicar la autodisciplina todos los días. Siguiendo con el ejemplo del deporte, puedes ponerte como meta ir al gimnasio dos o tres veces por semana, sin importar si tienes ganas o no. Sé determinante con ello. Verás cómo los resultados aparecen cuando los dejas de buscar.

El ejemplo del deporte puede trasladarse fácilmente a cualquier otra situación. Supongamos que tu mayor sueño es instalar una tienda de ropa, y has trabajado muy duro durante el último año; sin embargo, una serie de gastos inesperados y la falta de tiempo han hecho que tu proyecto se siga posponiendo. Por supuesto, esto puede frustrarte (¡y está bien que así sea!). La cuestión es **qué hacemos con esos sentimientos de frustración**. ¿Dejamos que nos achaquen y nos venzan? ¿O los consideramos **como un desafío** y redoblamos la apuesta? **¡Mantén el enfoque hasta el último minuto y sigue trabajando por lo que deseas!**

La motivación intrínseca y la motivación extrínseca

Según muchos expertos en el campo de la psicología, podemos separar la motivación en dos tipos: la motivación intrínseca y la motivación extrínseca.

La motivación intrínseca es aquella que nace del interior de cada uno. Por lo tanto, este tipo de motivación no se alimenta de factores externos, y está compuesta de entusiasmo, pasión e interés genuino. Alimentar tu motivación intrínseca dará como resultado que tengas más satisfacción personal. Por ejemplo, aprender un nuevo idioma, hacer actividad física o anotarse en una carrera universitaria.

Por otro lado, la motivación extrínseca se refiere a la que proviene de factores externos. Por lo general, este tipo de motivación está orientada a obtener ciertas recompensas o conseguir elogios de las demás personas. Por ejemplo, trabajar horas extra puede considerarse una motivación extrínseca, porque tu objetivo se orienta a recibir una recompensa económica. Lo mismo ocurre cuando los niños ordenan su dormitorio con el único propósito de evitar que sus padres los regañen: la motivación proviene de un factor externo.

Veamos más ejemplos de motivaciones intrínsecas y extrínsecas.

Motivación intrínseca	Motivación extrínseca
Aprender inglés porque sabes que es una herramienta fundamental en muchos aspectos de la vida	Aprender inglés solamente para tener mejores oportunidades laborales

Estudiar para incorporar conocimientos y ser una persona con más pensamiento crítico	Estudiar para sacar la nota más alta
Limpiar la casa porque el orden del entorno te permite ser más productivo y te genera paz mental	Limpiar la casa porque vienen visitas

La motivación extrínseca puede ser importante en algunas situaciones, pero definitivamente tenemos que trabajar en nuestra motivación intrínseca. Los deseos de aprender y crecer son mucho más efectivos y sostenibles en el largo plazo, y si estamos motivados desde un lugar genuino lograremos comprometernos realmente con nuestros objetivos y mantener la autodisciplina. **Piensa en tus objetivos y evalúa qué tipo de motivación te mueve hacia ellos.** Quizá en algunos casos debas cambiar el enfoque si deseas alcanzar el éxito.

7 técnicas para mantener la motivación y la autodisciplina

Probablemente estés pensando que la autodisciplina y la motivación no son sencillas. Y tienes razón: si fuera fácil, ¡el camino a nuestras metas sería muchísimo más corto! Y esto, déjame decirte, **le sacaría la gracia al proceso**, que es en definitiva lo que nos brinda enseñanzas y experiencias. ¿O me vas a decir que obtener resultados positivos después de un largo y laborioso camino no es sumamente reconfortante?

Ahora, para ser disciplinado contigo mismo, tendrás que adoptar una serie de hábitos en tu vida. A continuación, te daré algunos consejos que puedes aplicar.

1. Fija metas posibles

Como dijimos anteriormente en este capítulo, fija objetivos claros y visualízate cumpliéndolos. Eso sí: tienen que ser metas realistas. Vamos a ver algunos ejemplos:

Meta	Situación personal	Objetivo poco realista	Objetivo realista
Mudarme a una casa más grande	Algunos problemas financieros	Hacerlo antes de fin de año	Hacerlo en cuanto acomode mis finanzas, que probablemente sea en dos años
Escribir una	Poco tiempo libre	Escribir diez páginas	Escribir una página (o las que pueda) en mis

novela		por día y tener lista la novela en tres meses	ratos libres
Ser una actriz reconocida	Mucha distancia geográfica de ciudades con oportunidades en el mundo del arte	Ser una actriz famosísima en un par de años	Viajar a una ciudad con más oportunidades laborales y aprovecharlas concienzudamente

¡Cuidado! Tener objetivos realistas no quiere decir que no puedas soñar en grande. Sin embargo, conviene saber que si te pones objetivos demasiado pretenciosos, es menos probable que los cumplas y más probable que se cree un sentimiento de frustración en ti y que finalmente abandones el camino hacia esa meta. Lo mejor es ponerte metas posibles de cumplir. Por supuesto, un golpe de suerte, tu propio talento y muchas otras situaciones podrían hacer que llegues a esa meta mucho más rápido.

2. Crea un plan de acción

Una vez que hayas establecido tu objetivo principal, crea un plan de acción en el que detalles metas más pequeñas. Una vez más, cada una de estas metas debe ser alcanzable. Si te enfocas en el proceso, llegarás a tu objetivo final casi sin darte cuenta.

Para crear un plan de acción, tendrás que trabajar en la creación de hábitos. Los hábitos son comportamientos que se desarrollan mediante la repetición y la constancia. Cuando incorporas hábitos en tu vida, es más fácil mantener un plan de acción y lograr tus objetivos a largo plazo.

3. Gestiona el tiempo

También es importante que aprendas a gestionar adecuadamente el tiempo que dedicas a trabajar por tus objetivos. Cuando tienes el foco puesto en una meta, debes evitar las distracciones y la procrastinación.

Pongamos un ejemplo. Eres programadora y estás desarrollando una aplicación. Te has puesto una meta que consideras realista: quieres tener tu producto listo para Navidad, y para ello has calculado que necesitas sentarte a codificar en tu computadora al menos nueve horas a la semana.

En este ejemplo, el plan que podemos seguir es el siguiente: fijar tres días a la semana para trabajar durante tres horas… y cumplir las reglas. Por ejemplo: lunes, miércoles y viernes después del almuerzo. adhiérete a tu cronograma y date una recompensa cada día después del trabajo: puedes dar un paseo, tomar un helado o mirar un capítulo de tu serie favorita.

4. Mantén el enfoque

También tendrás que lidiar con la tentación de abandonar. A veces nos gana la pereza y pensamos que no trabajar por esa meta durante un día no hará la diferencia. Quizá sea cierto: no hará la diferencia en términos prácticos. Sin embargo, de forma inconsciente, estarás abriéndote a ti mismo la posibilidad de empezar a flexibilizar el propio cronograma que te has autoimpuesto, lo cual repercutirá en que tarde o temprano dejarás de ser disciplinado. Mantén el enfoque, sé perseverante y ¡no abandones!

5. Aprende de los fracasos

Los fracasos son una parte natural del camino hacia el éxito. El autor de *El Principito*, Antoine de Saint-Exupéry, solía decir: "El fracaso fortifica a los fuertes". Puede sonar como una frase hecha o como algo demasiado trillado, pero eso no significa que no sea una gran verdad.

Hay muchas ventajas en fracasar. En primer lugar, es innegable que se trata de una instancia de aprendizaje. Evaluar por qué salieron mal las cosas nos dará las herramientas que necesitamos para volver a intentarlo con mayores posibilidades de éxito. Por otro lado, una piedra en el trayecto te ayudará a fomentar la resiliencia, lo que te preparará para seguir afrontando los desafíos que se te presenten en el camino. Y, además, los fracasos nos mantienen humildes. Y la humildad es importante para movernos en la dirección correcta, coincidir en la vida con la gente correcta y alcanzar nuestras metas con esfuerzo y enfoque.

6. Recompénsate

Como ya vimos en el apartado 3 de esta lista, cuando logres un objetivo, no dudes en mimarte un poco. Por ejemplo, si has logrado cumplir tu objetivo de ir al gimnasio durante tres veces en una semana, puedes darte un premio: ir al cine, ir a cenar a un restaurante o salir con tus amigos.

Lo importante es que intentes que la recompensa esté en sintonía con el objetivo cumplido (organizar una fiesta en casa por haber terminado un proyecto laboral sencillo no parece muy proporcionado).

7. Mantén una mentalidad positiva

Cree en ti.

Eres una persona importante. Ocupas el puesto en el que estás por tu talento y tu valía. Adopta una mentalidad positiva y trabaja en tu autoconfianza cada día. Si te lo propones, lograrás:

- Alcanzar todas tus metas

- Mejorar tu calidad de vida

- Tomar mejores decisiones

- Potenciar tus vínculos

- Vencer desafíos y afrontar crisis

- Disfrutar mucho más de tu vida

Puntos clave del capítulo 7

Llegaste al séptimo paso de este camino. Pero antes de ponerle un punto final a este recorrido, vamos a ver un resumen de lo que hemos aprendido en este último capítulo.

- La autodisciplina es una capacidad que nos imponemos a nosotros mismos. Tiene que ver con comprometernos con nuestros planes y proyectos. Para ser disciplinado, tenemos que visualizar cuál es nuestro objetivo final, pero también es importante enfocarse en el proceso.

- Podemos distinguir dos tipos de motivaciones: la motivación intrínseca y la extrínseca. La motivación intrínseca es la que nace de nuestros propios deseos. Se compone de pasión y entusiasmo. La motivación extrínseca proviene de factores externos y está orientada a obtener recompensas o elogios.

- Tenemos que enfocarnos en la motivación intrínseca: esa que sale de lo más profundo de nosotros. Los deseos de aprender y crecer son mucho más efectivos y sostenibles en el largo plazo.

- Hay algunas técnicas que te pueden ayudar a mantener la motivación y la autodisciplina. Por ejemplo:

  o Fijar metas posibles

  o Crear un plan de acción y seguirlo

  o Gestionar bien el tiempo

  o Mantener el enfoque y no abandonar

  o Aprender de los fracasos

  o Recompensarte

  o Mantener una actitud positiva

Ahora sí, hemos llegado al peldaño final de esta escalera. Espero que todos estos consejos te sirvan para alcanzar tus objetivos. Recuerda, ante todas las cosas, que la inteligencia emocional puede trabajarse, y que el cambio empieza por ti. Aplica todas las nociones que aprendiste en este recorrido en tu vida cotidiana y te aseguro que lograrás alcanzar el desarrollo personal que te mereces.

Conclusión

La inteligencia emocional es un tema que ha sido objeto de estudio y debate durante décadas, y su importancia ha sido cada vez más reconocida en diferentes ámbitos de la vida. En este libro, hemos explorado diferentes aspectos de la inteligencia emocional y cómo podemos aplicarla para mejorar nuestra calidad de vida y nuestras relaciones interpersonales.

En el **primer capítulo**, vimos qué es la inteligencia emocional y por qué es importante desarrollarla. Aprendimos que la inteligencia emocional nos permite reconocer y entender nuestras propias emociones, así como las emociones de los demás, y utilizar esta comprensión para tomar decisiones informadas y mejorar nuestras relaciones interpersonales. También discutimos los diferentes tipos de inteligencia de Howard Gardner y cómo se relacionan con la inteligencia emocional, y exploramos las diferentes perspectivas de otros autores sobre el tema.

En el **segundo capítulo**, nos enfocamos en la autoconciencia, que es un aspecto clave de la inteligencia emocional.

Aprendimos a identificar diferentes emociones y a interpretar nuestras propias emociones para tener una mejor comprensión de nosotros mismos. También vimos cómo podemos mejorar nuestra autovaloración y autoconfianza, y cómo podemos controlar el miedo para tener una vida más plena y satisfactoria.

En el **tercer capítulo**, hablamos sobre las relaciones y la comunicación, y cómo la inteligencia emocional nos permite tener relaciones más saludables y satisfactorias. Discutimos la importancia de la comunicación y cómo podemos vencer la ansiedad al hablar en grupo y escuchar atentamente lo que nos dicen. También exploramos cómo podemos identificar a una persona tóxica y cómo podemos perdonar a alguien para liberarnos de emociones negativas.

En el **cuarto capítulo**, nos enfocamos en la importancia de la gestión de emociones en el trabajo. Aprendimos sobre la comunicación asertiva y cómo podemos aplicarla en el trabajo para mejorar nuestras relaciones con colegas y superiores. También vimos cómo podemos aprender a decir "no" en el trabajo y la importancia de las habilidades blandas en el entorno laboral.

En el **quinto capítulo**, hablamos sobre el liderazgo y cómo podemos aplicar la inteligencia emocional para ser un buen líder. Aprendimos sobre la diferencia entre un jefe y un líder y vimos los siete pasos clave para ser un buen líder.

En el **sexto capítulo**, nos enfocamos en cómo podemos enfrentar momentos difíciles en nuestras vidas. Aprendimos consejos para afrontar situaciones difíciles y vimos qué es la resiliencia y cómo podemos aplicarla a nuestras vidas.

Por último, en el **séptimo capítulo**, hablamos sobre la motivación y la autodisciplina, y cómo podemos mantenernos motivados y disciplinados para lograr nuestros objetivos. Vimos la diferencia entre la motivación intrínseca y extrínseca y exploramos siete técnicas para mantener la motivación y la autodisciplina.

Si sigues los consejos que te he dado en este libro, ahora deberías ser capaz de sumar herramientas a la hora de controlar tus miedos, de gestionar tus emociones en la vida diaria y/o en el trabajo, resolver conflictos, perdonar a otros, mejorar tus habilidades sociales y de comunicación, escuchar a los demás, lograr ser un verdadero líder y evitar la manipulación de personas tóxicas.

En el **aspecto laboral**, puedes aplicar las herramientas de liderazgo que te he proporcionado para dirigir un equipo de trabajo. Y, aunque no seas el líder de tu equipo, sumar esas habilidades de inteligencia emocional deberían permitirte mejorar tu rendimiento, controlar el estrés, y relacionarte mejor con tus compañeros. En definitiva, el trabajo podría convertirse en algo que realmente disfrutes y que te ofrezca lo que buscas, y no una fuente de ansiedad. ¿No es eso lo que queremos todos?

Por otro lado, en el **plano social y romántico**, con las herramientas que te he dado podrás forjar relaciones empáticas, expresar mejor tus sentimientos, comunicarte de manera más efectiva y finalmente resolver esos conflictos que estaban frenando el desarrollo de tus vínculos de amistad o tu relación amorosa. Esto te permitirá generar vínculos duraderos y saludables, por un lado, y eliminar de raíz aquellas relaciones tóxicas que no aportan nada valioso a tu vida, por el otro.

En el **aspecto familiar** (uno de los más complejos de la vida), podrás aprender a afrontar noticias difíciles, como pérdidas o enfermedades de seres queridos. Además, la inteligencia emocional en este plano será clave para promover el diálogo con tus familiares, ya sea tus padres, hermanos o tus hijos. Si puedes desarrollar tu inteligencia emocional y aplicarla a estas relaciones, sin dudas crearás vínculos de apego mucho más fuertes y saludables. En este sentido, creo que un buen objetivo es lograr que nuestros vínculos con la siguiente generación sean más sanos que los de generaciones anteriores. ¿No sería fantástico?

Pero, más allá de los vínculos con otros, al principio y al final del día siempre estamos con la misma persona: **nosotros mismos**. Por eso, es clave en la inteligencia emocional la dimensión de la *autoconciencia*, que es el nivel de conocimiento de nuestras propias emociones, y la *autorregulación*, que se centra en el dominio de nuestras emociones para no dejarnos llevar por los impulsos. Poder identificar y controlar nuestras emociones es parte primordial de ser emocionalmente inteligentes. Además, ¿qué mejor que cultivar esta relación que nos acompañará toda la vida? Llevarnos bien con nosotros mismos puede marcar la diferencia entre una vida de angustia y una vida de paz y felicidad. ¡Trabajemos en ello!

En conclusión, **la inteligencia emocional es fundamental para nuestra vida diaria.** Puede ayudarnos a mejorar nuestras relaciones personales, laborales y —en definitiva— nuestra propia felicidad. A través de la práctica y la perseverancia, podemos desarrollar y mejorar nuestras habilidades emocionales y alcanzar un alto nivel de inteligencia emocional. Espero que este libro te haya proporcionado herramientas y consejos útiles para aplicar la inteligencia emocional en tu vida diaria y alcanzar tus objetivos personales y profesionales. ¡Hasta el próximo libro!

Escanee el código QR a continuación para acceder a su diario adicional de inteligencia emocional!

--- o ---

visita bit.ly/3pPEinR